朝日新書
Asahi Shinsho 970

裏金国家

日本を覆う「2015年体制」の呪縛

金子　勝

朝日新聞出版

はじめに

２０１５年7月16日と9月19日。

衆議院次いで参議院で集団的自衛権を認める安全保障関連法案が通過する日でした。私は10万人（主催者発表）を超える人々と一緒に国会前に立っていました。私自身にとっては45年ぶりの体験でした。

いま私の予感は正しかったと確信しています。

その時はまだ明確な言葉にできませんでした。それは体に感じた焦りとでもいうべき感覚でした。いまは時計の針を巻き戻して、明確な言葉にしてみたいという衝動にかられています。「裏金国家」というこの国の体質を導いている仕組みが全面的に動きだしたのは、あの時から始まったのです。私はそれを「２０１５年体制」と表現しました。

「裏」には必ず「表」があります。

あれからおよそ10年がたちました。10年ひと昔と言いますが、「表」の社会には、いまや弱り切って安らぎを失った風景が広がっています。アベノミクスという国家的詐欺が巨大な渦を巻き起こし、人々を引き込んでいきました。「円」という紙の価値は下がり続けて、いまや日本は世界の中でも最も貧しい「先進」国に成り下がっています。

新型コロナウイルスの世界的流行やロシアのウクライナ侵略、イスラエルのガザ地区ジェノサイドなど、コンドラチェフ循環という50年ぶりのカタストロフが起きる中、この円安によって、今やデフレから一転して、アベノミクスは物価を上昇させて人々を苦しめています。かつての日本の産業の栄光は地に落ちつつあります。貿易赤字が当たり前になりました。日本は未来を失って子どもが生まれない国になりました。かつて実りに満ちた大地は荒れ、死んだ土に誰も足を踏み入れなくなっています。町々や村々では、耕作放棄地が増え、空き家があちこちに生まれ、年老いた人々が一人っきりで過ごしています。メディアは決して本当のことを言わなくなりました。みな忖度と偽善に満ちています。

「裏金」が「表」に出てみれば、これらすべてがつながって見えるようになりました。

私たちは日々流されて生きています。すべてが断片的で全貌が見えなかったのです。「裏金」がばらまかれ、世襲議員を軸にして生まれた地域政治の独占は、言論を封殺し、日本社会を縁故主義による仲間内資本主義（クローニーキャピタリズム）に染め上げてきました。こうした劣化した政治家たちを作り出したのが「2015年体制」だったのです。それは限りなく日本経済を衰退させていきますが、衰退すればするほど、地域の政治支配は強化されていく仕組みです。この仕組みを壊さないかぎり、日本は滅びていくでしょう。ここでまた間違えると、取り返しがつかなくなります。もう一度、時計の針を巻き戻して、あの日に立ち返って、今の日本の姿をまっすぐに見据えなければならない時なのです。

これまで私たちは絶望に追いやられてきました。しかし人々を絶望させてきた深淵がどこにあるかをさぐり当てることができれば、それを克服する道も見えてくるものです。それがいかに困難な道であるとしても、そして道をつないでいければ、私たちの心の中の希望をはっきりと大きくさせていくものです。その意味で、いつも絶望は希望の始まりを意味しています。そう思って最後まで読んでいただければ幸甚です。

裏金国家

日本を覆う「2015年体制」の呪縛

目次

第3章　裏金国家
——国が腐るとはどういうことか　93

第4章 裏金国家の経済政策
――仲間内資本主義日本 139

第3節 政府の産業政策が衰退を加速させる 177

図表作成　朝日新聞メディアプロダクション

原則として、敬称は省略しました。

第1章
「2015年体制」というディストピア

第1節　日本政治の腐った根っこ

自由が失われていく背景

忖度をしてばかりで、はっきり意見を言えない社会になって、どのくらい歳月がたっただろうか？　もし安倍晋三元首相が生きていて、もう少しこの忖度社会が長く続いていったら、どうなっただろうか？　人は政権を批判するのを忘れ、何を言うべきか、その基本的作法をも忘れてしまうのかもしれない。

「奇妙なことに、自分を表現する能力を失ってしまったばかりでなく、元々言いたかったことが何であったかさえ忘れてしまったような気がした。ここ何週間か、この瞬間のために準備を重ねてきたのだが、勇気の他に何かが必要になろうとは思ってもみなかった」

ビッグ・ブラザーが支配しすべての国民を監視するディストピア社会を描いたジョージ・オーウェルの『一九八四年』（高橋和久訳、早川書房）の一節である。ビッグ・ブラザーに対して忖度だらけの雰囲気が支配している中、主人公が勇気をもって日記を書こうと決意する瞬間を描いた場面だ。この「勇気の他に何かが必要にな」る時代の不自由な雰囲気とはどういう社会なのか。思考能力が奪われてしまえば、当事者でさえ何が問題なのかさえ分からなくなってしまうのだろう。

安倍政権が目指していた社会とはそういう社会だったのではないか。そういう懐疑心をもって過去を振り返ってみると、だんだん全体がつながって見えてくるようになった。

まず、安倍晋三が首相だった頃には、放送法解釈変更が行われ、メディアへの圧力が加わり、忖度が支配するようになった。NHKの「クローズアップ現代」の国谷裕子、テレビ朝日の「報道ステーション」の古舘伊知郎、TBSの「NEWS23」の岸井成格《しげただ》らニュース番組のMCが降板させられ、テレビでは安倍政権に批判的なコメンテーターが画面から次々と消えていった。そして提灯持ちか一見「無害」に見えるコメンテーターに変わっていった。新聞も似たような雰囲気が支配してきた。

同時に、内閣人事局で官僚の人事権を握った安倍政権は、安倍元首相子飼いの官邸官僚（とくに警察官僚）が本省の官僚たちを支配していった。その結果、「忖度官僚」がどんどん増えていった。不当に低い価格で森友学園へ国有地が売却された問題では、佐川宣寿理財局長らが中心になって財務省が公文書を改ざんし、近畿財務局の赤木俊夫さんが自死した。値引きの根拠となった地中ゴミをめぐって国交省大阪航空局による改ざんの疑いが残った。その後も厚労省が賃金統計の改ざんを行ったように、官庁も忖度で公文書や統計を改ざんすることが当たり前になっていた。安倍元首相が銃弾に倒れてから、実は自民党が右派宗教集団の日本会議だけでなく、外国のカルト教団の旧統一教会と深いつながりをもっていることが「表」の明るみに出た。実は、日本は「カルト国家」だったのである。

この間、新型コロナウイルスの流行もあって、人々は外に向かって声を出して主張する機会が目立って減っていった。安倍政権の下で、次第にモノが言えない社会に変わっていった。それでも、やはり日本は『一九八四年』の世界とは違っている。表向きは、まだみな自由にモノを言うことができる。会社も役所も地域も忖度が社会を覆っているが、若いうちなら、まだ会社を自由に移動できる。

裏金と地域政治の支配

安倍元首相が銃弾に倒れてから、もうひとつ「表」の明るみに出たのが裏金問題であった。それを単なる不正腐敗の問題として片付けてはいけない。裏金は民主主義国家を深い所で蝕み、民主主義とは正反対の縁故主義と仲間内資本主義に染め上げていく手段として機能している。それは、小選挙区制度に伴い、自民党内部において政策ビジョンを闘わせることがなくなり、世襲政治家を軸に地域利益の独占を確保する手段として機能していった。それが作り上げた利益共同体は劣化した政治家でも生き残っていける体制であり、隠れた形で国民にとって自由を失わせるコアの仕組みになっている。

裏金問題は、表向きに成り立っていた民主主義的諸制度を空洞化させ、民主主義とは違った政治支配のメカニズムが働いていることを垣間見させた。次の章で詳しく述べるが、実態を解明することなく、国会を介せずに自民党内部で裏金議員を「処分」した。あまりに甘い「処分」だったが、裏金問題の実態を本当に解明したら、とんでもない世界が見えてしまうのかもしれない。

中でも、二階俊博元幹事長の3700万円以上の裏金と年10億円に及ぶ政策活動費という巨悪をすべて不問に付したことが、問題の根深さを示している。河井克行元法務大臣と河井案里元参議院議員の巨額買収事件では、自民党本部から1億5000万円もの巨額の資金が広島県議会議員や広島市議会議員や首長らにばらまかれた。その原資について、政党交付金が含まれているとされているが、実態は解明されていない。当時幹事長だった二階俊博は「関与していない」と発言して否定したが、真実は闇のままである。安倍晋三首相も甘利明選対委員長（ともに当時）も否定しており、二階元幹事長の引退に伴って真実は完全に藪の中に消えようとしている。

国会議員と地方議員の間で裏金がやり取りされていることは、最近でも垣間見られる事件がいくつか起きていた。たとえば、2021年10月の衆議院選挙において、元自民党新潟県連会長の星野伊佐夫県議から2000万～3000万円の裏金を要求されたとして泉田裕彦衆議院議員が告発したのに対して、自民党長岡支部は県連に対して泉田議員の支部長解任を求めた事件もそうであった。あるいは2023年4月の江東区長選挙において柿沢未途前衆議院議員が区議会議員らに選挙運動のために280万円の現金をばらまいて有罪判決を受けた事例もそうだろう。

裏金や政策活動費が地方議員などにばらまかれていて利益共同体が形成されている可能性は長く指摘されてきた。河井夫妻による地方議員の買収事件は、参議院選挙で二議席独占を想定した候補者選びによって派閥対立が生じたがゆえに表に出てきたのだろう。通常、衆議院選挙の小選挙区制は一議席なので、その選挙区において自民党による国の利権事業ばらまきはその議員に「独占」される。その場合は、裏金なので表には出てこないままやり取りしている可能性が高い。その一方で、その利益共同体から排除されると生きていけなくなっていく。経済の自主性を失い、国の利権事業ばらまきに依存する度合いが強い地域ほど、生きていけなくなる度合いが高まる。それは下請けにまで及ぶ。生命まで奪われないけれど、つきあいから排除される。それは民主主義を限りなく無効にしていくのである。

この衆議院小選挙区において利益共同体を確実に守るには、ジバン（地盤）、カバン（資金）、カンバン（看板）を持つ世襲議員を押し立てることが一番たやすい道である。若い段階で世襲議員に引き継がせると、当選回数を重ねていき、「年功（当選回数）序列」の自民党内部で閣僚になる可能性が高まっていく。それが安倍晋三、岸田文雄を筆頭に東京生まれ東京育ちのエセ地元議員の世襲議員が生まれていく背景である。東京生まれ東京育ちの世襲議員は、地域の自主性と自由を喪失しながら、中央からのおこぼれで生きていく地方の政治支配における集約点なのである。

世襲支配と政治家の劣化

実は小選挙区制度が導入された1996年総選挙以降の総理大臣を見ると（表1）、岸

表1　歴代総理大臣

★は世襲議員。ただし、森喜朗は父が地方首長。

橋本龍太郎★	1996–1998年	自民党・社会党（社民党）・新党さきがけ
小渕恵三★	1998–2000年	自民党・自由党・公明党
森喜朗★	2000–2001年	自民党・保守党・公明党
小泉純一郎★	2001–2006年	自民党（03年に保守新党が合流）・公明党
安倍晋三★	2006–2007年	自民党・公明党
福田康夫★	2007–2008年	自民党・公明党
麻生太郎★	2008–2009年	自民党・公明党
鳩山由紀夫★	2009–2010年	民主党・社民党・国民新党
菅直人	2010–2011年	民主党・国民新党
野田佳彦	2011–2012年	民主党・国民新党
安倍晋三★	2012–2020年	自民党・公明党
菅義偉	2020–2021年	自民党・公明党
岸田文雄★	2021年–在任中	自民党・公明党

2024年8月時点。

田文雄首相まで12人が総理大臣についているが、そのうち３人（28年間のうち３年半だけ）を除けば、すべて世襲議員である。ただし森喜朗の場合、父親の森茂喜は国会議員ではなく９期連続で、石川県の根《ね》上《あがり》町（現能美市）の町長であった。すでに日本は北朝鮮と遜色がない世襲政治になっている。

その背後には、係累が地方自治体の首長や地方議員であることを含めると、自民党の衆議院議員２５８人（２０２４年２月）の中に少なくとも１０９人（42%）もの世襲議員がおり、根深い基盤を築いている。小選挙区の数が２８９であることを勘案すると、世襲議員の多さは尋常ではない。実際、インターネットのサイト（「自由民主党国会議員一覧」）や『國會要覧』『新訂政治家人名事典』などで拾っていくと、表2のようにおびただしい人数の世襲議員が自民党を占拠していることが分かる。

もちろん、世襲議員だからいけないのではない。これほど多くの世襲議員が国会議員を占めていることは、社会的流動性の低さを表すだけでなく、彼らを数多く生み出す再生産の仕組み（メカニズム）が存在していることを示唆している。問題はその仕組みである。世襲議員であることでジバン、カバン、カンバンを持つがゆえに優位に立てる。そのうえで、金でつながる地域の利益共同体を作ってしまえば、同じ選挙区で競い合う必要がない。その結果、同じ自民党内部の他派閥の候補者と政策やビジョンを競い合う必然性はなく、しだいに切磋琢磨して身に付ける政策形成能力も答弁能力も必要性がなくなっていく。こうした劣化した世襲議員の代表者が、三世代目の安倍晋三であり、麻生太郎であり、岸田文雄なのである。そして、こうした劣化した議員たちが威張っていられる仕組みを作ったのが、後述する「2015年体制」なのである。官僚制をつぶし、メディアの批判能力を奪っていき、しかもできるだけ国会を開かず、すべてを自公両党の協議と閣議決定で決めていけば、彼らのように劣化した能力レベルでも国会議員でいることができるようにな

神田潤一	青森2区
岸信千世	山口2区
岸田文雄	広島1区
木村次郎	青森3区
工藤彰三	愛知4区
小泉進次郎	神奈川11区
河野太郎	神奈川15区
高村正大	山口1区
國場幸之助	沖縄1区▶九州比例
小林史明	広島7区（新6区）
佐藤勉	栃木4区
笹川博義	群馬3区
塩崎彰久	愛媛1区
塩谷立	静岡8区▶東海比例（離党）
鈴木俊一	岩手2区
鈴木貴子	北海道比例
高木啓	東京新12区▶東京比例
高木宏壽	北海道3区
髙鳥修一	新潟6区（新5区）▶北陸信越比例
武田良太	福岡11区
武部新	北海道12区
橘慶一郎	富山3区
田中英之	京都4区▶近畿比例
田中良生	埼玉15区
谷公一	兵庫5区
田野瀬太道	奈良3区
棚橋泰文	岐阜2区
田村憲久	三重1区
塚田一郎	新潟1区▶北陸信越比例
津島淳	青森1区▶東北比例
寺田稔	広島5区（新4区）
渡海紀三朗	兵庫10区
永岡桂子	茨城7区
中川郁子	北海道11区▶北海道比例
中曽根康隆	群馬1区
中谷元	高知1区
中野英幸	埼玉7区
二階俊博	和歌山3区（不出馬）
西村康稔	兵庫9区（党員資格停止1年）
西銘恒三郎	沖縄4区
丹羽秀樹	愛知6区
額賀福志郎	茨城2区
根本匠	福島2区
野中厚	埼玉12区▶北関東比例
野田聖子	岐阜1区
橋本岳	岡山4区
鳩山二郎	福岡6区
葉梨康弘	茨城3区
浜田靖一	千葉12区
林幹雄	千葉10区
林芳正	山口3区
平井卓也	香川1区▶四国比例
平沼正二郎	岡山3区
福田達夫	群馬4区
船田元	栃木1区
古屋圭司	岐阜5区
穂坂泰	埼玉4区
堀内詔子	山梨2区
松本剛明	兵庫11区
和田義明	北海道5区
三ッ林裕巳	埼玉14区（新13区）
御法川信英	秋田3区
宮路拓馬	鹿児島1区
宮下一郎	長野5区
武藤容治	岐阜3区
村上誠一郎	愛媛2区
森英介	千葉11区
盛山正仁	兵庫1区▶近畿比例
保岡宏武	九州比例
柳本顕	近畿比例
山口晋	埼玉10区
若林健太	長野1区
渡邊孝一	北海道比例

※世襲議員には祖父母と父、伯父、義父、夫などが議員で、首長や地方議員であるケースを含む。

表2　自民党世襲議員一覧（衆議院）

逢沢一郎	岡山1区
青山周平	愛知12区▶東海比例
赤沢亮正	鳥取2区
赤間二郎	神奈川14区
麻生太郎	福岡8区
甘利明	神奈川13区（新20区）▶南関東比例
石原宏高	東京3区▶東京比例
石破茂	鳥取1区
石橋林太郎	中国比例
井出庸生	長野3区
伊藤信太郎	宮城4区
井上貴博	福岡1区
井原巧	愛媛3区（新2区）
岩田和親	佐賀1区▶九州比例
岩屋毅	大分3区
土屋品子	埼玉13区（新16区）
江﨑鐵磨	愛知10区
江渡聡徳	青森1区
江藤拓	宮崎2区
遠藤利明	山形1区
大野敬太郎	香川3区
奥野信亮	奈良3区▶近畿比例
小里泰弘	鹿児島3区▶九州比例
越智隆雄	東京6区▶東京比例
小野寺五典	宮城6区（新5区）
小渕優子	群馬5区
尾身朝子	北関東比例
梶山弘志	茨城4区
加藤竜祥	長崎2区
加藤鮎子	山形3区
加藤勝信	岡山5区（新3区）
金子俊平	岐阜4区
金子恭之	熊本4区
金子容三	長崎4区（新3区）
亀岡偉民	福島1区▶東北比例
川崎秀人	三重2区

ったのである。

衰退すればするほど支配を強める仕組み

もちろん、それで地域経済がうまくいくわけではない。うまくいかないがゆえに、余計に締め付けが強く効いてくる。中央のおこぼれで生きていき、地域経済の自主性を失っていくと、ますます自由も失っていく。若い人たちは地域から中央に向かって出て行くばかりで、地域経済はますます衰退する。

裏金でつながる地域政治の支配と同時に、集団的自衛権の閣議決定を契機に「2015年体制」ができてくる。実は、これから述べる集団的自衛権という概念は、現行憲法上の戦争放棄との関係で自衛権の行使としては認められないという立場から、これを行使するためには憲法改正のための国会の発議と国民投票という手続きが必要であるという政府見解を歴代内閣はとってきた。そうした政府見解を前提にして、自衛隊の存在は「合憲」であるとの立場を正統化してきた。ところが、こうした憲法に基づく秩序をたかだか「閣議決定」という内閣の行政処分によってひっくり返してしまったのである。

その意味で、「2015年体制」は「静かなクーデター」によって誕生したと言ってよいだろう。そして「2015年体制」は、前述した地域政治の支配を全国化した面を持っている。中央（支配）と地方（従属）の関係が、同心円のようにアメリカ（支配）と日本（従属）の関係に拡大しながら、日本全体も経済の自主性の喪失と衰退とともに、民主主義と自由を失っていくのである。

衰退する地域経済が中央からのおこぼれで生きていくのと同じ構造が、中央でも繰り返される。国際競争力がなくなっていく経団連企業は、せっせと自民党に政治献金を出していけば、厳しい国際競争で勝てなくても、国内で自民党政権は衰退する重化学工業を救済

するような国家事業を展開してくれるのである。第4章で詳しく扱うので、いくつかを列挙しておくだけにとどめるが、

① アベノミクスは政府の大規模予算と日銀の金融緩和を続ける円安インフレ政策であり、輸出大企業を中心に未曾有の利益をもたらしている。さらに円安バブルで表面上の企業決算をよくする。

② 安倍首相（当時）は「世界で一番企業が活躍しやすい国にする」というかけ声の下で、法人税減税を行って、（本来社会保障に充てるべき）消費税増税分をかなり食ってしまった。

③ 国際的にはエネルギー価格の抑制には燃料税の一時的軽減が一般的だが、石油元売り企業や電力大手といった独占企業に直接補助金を与えて莫大な利益をもたらしている。

④ 地域独占を維持する電力大手を守るために、安全性でもコスト面でも問題が多い原発の60年を超えた運転を行う。

⑤ 自民党に多額の政治献金を出すＪ－ＬＩＳ（地方公共団体情報システム機構）に参加

するIT企業に4桁の暗証番号のプラスチックカードを作らせて多数の個人情報をひも付けさせ、市場だったらたちまち潰れてしまうような欠陥だらけのマイナ保険証のカードを全国民に強制している。

⑥ 国際競争力が低下した日本の重化学工業企業のために防衛費倍増政策でアメリカ製兵器のライセンス生産などを拡大する。

⑦ 国土強靱化計画の下で、学校統廃合や耐震化などで大手・中堅ゼネコンに大規模公共事業をばらまく。

このような取り巻きの財界企業を潤すような大規模な予算ぶんどりを続けていき、結局、情報通信、ゲノム創薬など医薬品、再生可能エネルギーと蓄電池、EV（電気自動車）と自動運転などの先端産業ではどんどん後れを取り、貿易赤字を定着させていく。裏金問題の「裏」は「表」の経済衰退であり、裏金問題と経済衰退は地方から中央（国）まで表裏一体となって進んでいるのである。

だからといって、いまの日本経済の衰退を克服する政策について、かつてのように自民党内で激しい論争が起きているわけではない。中選挙区制時代には、同じ選挙区でもライバルが存在し、派閥が互いに競い合っていたので、有権者を奪い合うために政策を切磋琢磨せざるをえなかった。いわゆる三角大福の時代はそれぞれが政策ビジョンを持ち、競い合う最盛期であった。三木武夫は金権政治とは無縁で社会民主主義的な思考を許容した。田中角栄は地域格差是正を掲げ、ケインジアン的な拡張的財政政策をとった。大平正芳は宏池会を引き継ぎ、大蔵省の堅実な財政政策を志向し、国家ビジョンとしては分散型な田園都市構想を打ち出した。福田赳夫は田中角栄と対立し、大蔵省の均衡財政主義とインフレ抑制路線を代表していた。

いまや小選挙区制度の下では、そうした政策ビジョンを争う場もなくなり、裏金を含め政治資金をもって地方議員を囲い込む利益共同体を作り、世襲政治家を軸に政府の利益配分によって地域政治の独占を図っていく。劣化した政治家は政策論争をする能力に欠けているために、これから見るように「2015年体制」を形成しなければならなくなった。集団的自衛権を正当化するイデオロギーとして右翼ナショナリズムが用いられたのは、歴史修正主義という反知性主義的な低レベルの議論ですみ、旧統一教会のようなカルト集団が選挙を支援してくれる「実利」があったからである。

第2節 「2015年体制」とは何か

国会を無視する首相の専決

裏金による地域支配は地域経済の自主性を喪失させ、地域経済の自主性喪失がますます裏金による地域支配を強める効果を持つ。地域衰退の中で、利益共同体から排除されると生きていくことができなくなるからだ。この裏金による政治支配は、日本経済全体の衰退を招きながら、ますます自由を失わせていくのである。それは、安倍政権の下で、三権分立を含めた、歴史的に積み重ねられていた民主主義を担保する諸制度を次々と破壊していく「2015年体制」を作り上げていった。

その体制の柱となったのは、2015年9月に安倍政権の下で、憲法9条の下で否定されてきた「集団的自衛権」の行使を認めた安全保障関連法案を強行採決したことである。これは2014年7月1日に、国会の議論も経ずに、閣議決定によって集団的自衛権を認めるという解釈改憲を行うことで、前述の「静かなクーデター」は始まった。それは立憲主義と国民主権の否定であり、国会を徹底的に軽視することで貫かれている。まず、日銀総裁、内閣法制局長官、NHK会長など、本来なら政治的中立性を尊重されるべき任命人事を安倍首相の考えを進めてくれる「お友だち」で固めたことから始めていった。

第二次安倍政権は発足してすぐに、デフレ脱却と景気浮揚を掲げて、大規模な金融緩和、機動的な財政出動、規制緩和による成長戦略という「三本の矢」を掲げた。この政策はアベノミクスと名付けられた。そして2013年3月に黒田東彦《はるひこ》を日銀総裁にすえた。同年4月に、日銀が「2年で消費者物価上昇率2%」を約束し、マネタリーベースおよび長期国債の買取額を2年間で2倍に拡大する異次元の金融緩和を始めた。それを正当化したのはインフレターゲット派あるいはリフレ派と呼ばれる人たちであった。

ところが、2年たっても物価目標は達成できずに2016年2月にマイナス金利政策を導入した。マイナス金利政策は、表面的には日銀が銀行から国債を買い入れると、その代金が日銀の当座預金に払い込まれるが、その当座預金の金利の一部に手数料をとる政策をさしている。ところが、超低金利政策で経営が苦しい銀行（とくに地方銀行）にはほとんどマイナス金利は適用されず、日銀は短中期国債の利回りをマイナスにする（つまり日銀が国債の額面より高く買い取る）政策をとった。それは政府の国債費負担を軽減する政策であった。

こうしたマイナス金利政策をとっても、結局、「黒田バズーカ」と言われる大規模金融緩和は失敗した。誰も政策の失敗の責任をとらないまま、アベノミクスは10年近くも続けられた。そこに、新型コロナウイルスの世界的流行やロシアのウクライナ侵略、イスラエルのガザ無差別攻撃などの50年周期のコンドラチェフの波が訪れ、デフレから一転してインフレになった。物価が上昇する局面に変わったにもかかわらず、日銀がそれまで国債を大量に買い続けたために、円安インフレを引き起こしている中で、金利を引き上げられず、大規模金融緩和政策から抜け出られなくなってしまったのである。

つぎに内閣法制局長官の人事はどうなったであろうか。2013年8月には、安倍政権は、これまで総務（自治）、財務（大蔵）、経済産業（通産）、法務の4省出身者が交代で、法制次長から内閣法制局長官に内部昇格するという慣行を破って、集団的自衛権に賛成の立場をとっていた駐仏大使の小松一郎を内閣法制局長官にする閣議決定を行った。小松一郎を内閣法制局長官に任命したうえで、閣議決定しただけで、2015年7月15日に衆議院平和安全法制特別委員会において自公両党単独で安保法案（安全保障関連法案）の採決を強行し、同年9月19日に参議院本会議においても強行採決し、安保法を成立させた。

そして第3章で詳しく述べるように、安倍政権は、後年度負担（5年ローン）を使って武器の爆買いを続け、表立って国民の目に見えないステレスの形で防衛費を拡大させていった。ロシアのウクライナ侵略の下で、台湾有事を差し迫った事態であるかのように演出して、ついに「表」に出して防衛費倍増政策を実現していった。

さらに、2013年12月に安倍政権は、慣行を壊して与党だけの同意で安倍首相の「お友だち」である籾井勝人をNHK会長に任命した。籾井元会長はNHKの会長就任時に理事全員に日付が白紙の辞表を提出させた。

籾井はNHK会長になっても、安倍の右派的な歴史修正主義の立場を公に表明した。先の世界大戦における植民地支配と侵略への謝罪を表明した、いわゆる村山談話についても「いまのところはいい。将来のことはわからない。政権が変わって、その人が、村山談話はもういらないと言うかもしれない」と言明した。また国際放送について「政府が右と言うことを左と言うわけにはいかない」と言い、特定秘密保護法についても、籾井会長は「もし世間がいろいろ心配しているようなことが政府の目的であれば大変なことですけど、そういうこともないでしょう」と、特定秘密保護法を強行成立させた自公政権を擁護した。そしてNHKの内部でも左遷人事が行われたと言われている。

安倍政権は、閣議決定で憲法を変えてしまい、途上国のクーデターで軍が通貨と国営放送局を握るように、中央銀行の通貨発行権を握り、公共放送局を掌握して政権に都合の良い報道を流すようにした。国会を徹底的に軽視しつつ、「静かなクーデター」を実行していったと言ってもよいだろう。

官僚制度とメディアを壊す

安倍首相は、日銀総裁、内閣法制局長官、NHK会長に「お友だち」をつけただけではない。第二次安倍政権が作り出した「2015年体制」は、第一次安倍政権の当時に秘書官や補佐官だった官僚たちを官邸に集めて「官邸官僚」を軸に、官邸に権限を集中する体制としてできあがった。「官邸官僚」は、現行の憲法秩序を無視して最高権力に忠実な親衛隊としての役割を負った。ひとつは政務秘書官の今井尚哉を筆頭に経産省の原子力ムラ、もうひとつは官僚人事権を握った内閣官房副長官（後に内閣人事局長）の杉田和博が公安警察出身、内閣情報官（後に国家安全保障局長）の北村滋が公安の外事部門出身という公安警察官僚が、安倍「官邸」の中軸にすわった。彼らは本省で出世できなかったルサンチマンが、官邸支配のバネになって、ある種の「独裁」体制を築く役割を担っていった。

「官邸官僚」たちは、安倍政権に対する批判的言論を封じるために、官僚の人事権を握ることで行政権を支配するとともに、ＮＨＫ・民放などのテレビメディアおよび大学と学界に圧力を加えていった。戦後の立憲主義と民主主義を根本的にくつがえすために、「静かなクーデター」はすそ野に向かって行った。

２０１４年5月に内閣人事局を発足させ、審議官級以上の約６００名もの官僚人事を一手に握るようになった。しかも２０１７年8月からは杉田和博が内閣人事局長になり、高級公務員の人事を警察官僚とくに公安警察が握る事態となったのである。当初から内閣情報官には北村滋が就いた。北村内閣情報官は、公安警察の外事部門出身で第一次安倍政権時の秘書官だった安倍最側近の一人であった。「新しい戦前」へ向かって特定秘密保護法などが推進されていった。

つぎに、安倍政権はテレビメディアへの介入を強めた。２０１４年11月頃から礒崎陽輔首相補佐官が総務省に対して働きかけを始めた。翌15年5月12日に、当時の高市早苗総務大臣が従来の見解とは異なって「ひとつの番組でも極端に偏向がある場合には政治的公平に反する」という国会答弁を行った。そして、翌16年2月8日の衆議院予算委員会において高市総務大臣は、放送局が政治的公平性を欠く放送を繰り返したと判断した場合、放送法4条違反を理由にして、電波法76条に基づいて電波停止を命じることもあると発言した。

その過程において、テレビ局が「忖度」を繰り返すようになった。その結果、NHK「クローズアップ現代」の国谷裕子、TBS「NEWS23」の岸井成格、テレビ朝日「報道ステーション」の古舘伊知郎といったキャスターらが降板し、政府に批判的な意見を述べるコメンテーターが次々と辞めさせられていったのである。

安倍政権の次の狙いは大学知識人や科学者の言論を抑えることであった。すでに2004年の国立大学の独立行政法人化とともに大学運営交付金の年1%の削減を10年間も続けたので、旧国立大学は新規の研究者雇用や研究を進められない状況に陥っていたが、安倍政権以降、大学の自治を次々と破壊していった。2015年の学校教育法改正で、学長の権限を大きくさせ、大学自治の主体であった教授会の権限を奪った。さらに2023年の国立大学法人法改正では、学外有識者を含む3人以上の委員と学長で構成する運営方針会議を設置し、中期計画や予算・決算などを決め、学長の選考や解任に意見できるようになった。委員は文科大臣の承認を得て学長が任命する。大学の自治が破壊され、自由な研究環境が奪われていけば、研究・教育水準がますます落ちていかざるをえない。しかも第4章で述べるように、政府の産業政策の誤りが深刻で、とくに情報科学やゲノム科学など先端分野についていけなくなっていった。

その間に、2020年9月28日、菅義偉政権は日本学術会議の候補者105人のうち6人を任命拒否した。任命拒否の具体的理由は明らかにしなかったが、軍事研究や特定秘密保護法などに反対する人たちを拒否したのではないかと考えられている。この6人の任命拒否リストに関わったのは公安警察出身の杉田和博内閣官房副長官であった。公安警察中心の政権が言論の自由を奪っていったのである。

「失敗の本質」としてのアベノミクス

ところが、2015年は、2013年4月に始まったアベノミクスの「2年で2%」という物価目標の期限だったが、結局、物価目標は達成できなかった。「2015年体制」を経済政策として支えるアベノミクスは明らかに失敗した。そこで早く止めれば傷も小さかったが、これからトリクルダウンが起きるとしてアベノミクスは継続されてしまった。先述したように、2016年2月にはマイナス金利政策を始め、10年国債の金利より短い国債の利回りはゼロ%以下のマイナスになった。しかしアベノミクスは、その後10年近くも継続したあげく、トリクルダウンは起きず、デフレ脱却が達成できなかった。だが、なぜ明らかにアベノミクスは政策的に失敗しているのに、彼らへの批判が封じられながら10

年も続いてしまったのか。

２０１４年に、経団連企業が政治献金を再開し、官庁は関連団体や関連企業への天下りを本格的に始めたが、アベノミクスによって、国際競争力が落ちた古い重化学工業企業向けの国家事業を次々と打ち出して支えてきたからである。本章第１節終わりで述べたように、大規模な財政出動と金融緩和で円安インフレをもたらしたことによって、経団連企業は膨大な利益をあげることができた。防衛費倍増や原発の運転期間の60年超への延長も、傾いた重化学工業の救済が目的である。マイナンバーカードをゴリ押しする狙いは、米巨大ＩＴ企業（ＧＡＦＡＭ：グーグル・アマゾン・メタ・アップル・マイクロソフト）に後れを取る日本のＩＴ企業への〝救済〟でもある。

ところが、今度は新型コロナウイルスの世界的流行やロシアのウクライナ侵略をきっかけに円安インフレに転じたにもかかわらず、アベノミクスから抜け出られなくなってしまった。物価が上がるインフレなのに、物価を引き上げるデフレ対策であるアベノミクスを続けるという支離滅裂な状況に陥ってしまったのである。ついに１ドル＝１６０円を突破する円安インフレに陥ったため、２０２４年7月31日、日銀は政策金利を０〜０・１％から０・25％引き上げ、２０２５年度末までに国債の買い入れ額を６兆円から３兆円に減らすことを決めた。しかし、依然、大規模予算を組んでおり、大規模金融緩和を止められるかどうか疑わしい状況にある。

まるで第二次世界大戦で敗戦した日本軍の組織や作戦上の失敗を描いた『失敗の本質日本軍の組織論的研究』（中公文庫）そのままである。作戦の失敗を認めず、将校たちは責任逃れのために戦力の逐次投入を繰り返した敗戦のプロセスと同じことが起きているのである。戦時中、敗戦が濃厚になればなるほど、言論や思想の弾圧が強まったのと同様である。野党の一部にもアベノミクスに同調する動きが起きたが、政府も主要メディアも、円安インフレが続いているのに決して失敗を認めず、暗黙のうちに安倍派と協調している。戦時中に多くの人々が「赤狩り」に加担したのと同じことが起きている。

検察を支配して完成する

最後に、安倍政権による「2015年体制」は、司法権を掌握することで「完成」に向かっていった。長期政権だったがゆえに、安倍政権は最高裁判事を次々と入れ替えていった。裁判所の判決はどんどん悪くなっていった。2017年に安倍内閣が野党側による臨時国会の召集要求に約3カ月間応じなかったのは憲法53条に違反しているとして、野党の国会議員らが国に損害賠償などを求めた3件の訴訟の上告審判決で、2023年9月12日、最高裁第三小法廷（長嶺安政裁判長）はいずれも原告側の上告を棄却した。地元の民意を完全に無視した辺野古新基地建設を次々と認める判決が出された。軟弱地盤で工期も費用も膨張が止まらなくなっている失敗公共事業であるにもかかわらず、ついに2024年2月29日、最高裁第一小法廷（岡正晶裁判長）は沖縄県側の上告を退け、沖縄県の認可取り消しを認めずに国の代執行を認め、地方自治を完全に踏みにじる判決を出した。

2022年6月17日、最高裁第二小法廷（菅野博之裁判長）は、東京電力福島第一原発事故で被害を受けた住民らが国に損害賠償を求めた4件の集団訴訟で、国の責任を認めない判決を言い渡した。2023年1月18日、東京高裁であるが、福島第一原発事故をめぐって東京電力旧経営陣3人の刑事責任を認めなかった。

以上のように、「2015年体制」の下で、国の巨大な失策も失敗事業もすべて裁判所が追認するようになっている。あと残るのは、検察を掌握することで、官邸支配に対する司法権によるチェックを破壊することであった。安倍政権による「2015年体制」は、黒川弘務検事長が検事総長になれば、完全にディストピアは完成するはずだった。

2020年1月31日、当時の安倍晋三政権は、安倍首相の「お友だち」である東京高検の黒川弘務検事長の勤務を、同年8月7日まで延長することを閣議決定した。黒川検事長は約1週間後の2月8日に63歳の誕生日が迫っていた。当時の「検察庁法」では検察官の定年について、検察トップである検事総長を除き、63歳と定められていた。この時、同年5月に定年を65歳に上げる「検察庁法」改正案が提出されていたが、もし黒川弘務が検事総長になっていたら、その後の裏金問題が表面に出なかったのではないか。もちろん「たらればなので論証不可能だが、おそらく握りつぶされた可能性が高いと筆者は考えている。というのは、ほぼ同時期に、証拠をでっち上げた大川原化工機事件が起きていたからである。

黒川検事長を検事総長にすべく官邸が動いていた2020年3月11日に、経産省の許可を得ずに、生物兵器（炭疽菌）の製造に転用可能な噴霧乾燥機を中国に輸出したとして、警視庁公安部外事一課が横浜市にある大川原化工機の代表取締役、常務取締役、顧問の3人を逮捕した。3人は一貫して無罪を主張したが、2021年2月5日まで11ヵ月間保釈されず、顧問は進行性の胃がんで入院・加療が必要であるにもかかわらず、保釈されなかったため、2月7日に死亡した。でっちあげによる冤罪であることが明らかになった。

2019年に入って、アメリカのトランプ大統領は安全保障上の脅威がある外国企業から通信機器を調達することを禁止する大統領令に署名し、中国の通信大手のファーウェイのスマホは禁輸措置がとられた。そして創業者の任正非《レン・チョンフェイ》CEOの長女である孟晩舟・副会長兼最高財務責任者（CFO）はアメリカのイラン制裁違反でカナダにおいて軟禁状態にされた。大川原化工機事件は、アメリカによる安全保障上の対中制裁とほぼ同じ内容であり、アメリカに盲従する安倍首相の姿勢に公安の外事警察が「忖度」したと見ることもできる。

このでっち上げ事件とほぼ同時に行われた、黒川検事長を検事総長に昇任させる「検察庁法」改正が実行できれば、でっち上げ事件でも「犯罪」を作りうる体制ができた危険性があった。逆に言えば、森友学園の国有地売却事件、国家戦略特区における加計学園の獣医学部の情実認可の疑惑、「桜を見る会」における公選法違反疑惑などが露呈していた安倍首相にとって、それらを不問に付すことができることになる。それは国家の私物化を許容し、劣化した政治家でも政界で生き残っていける「2015年体制」の完成になるはずであった。だが、黒川検事長の検事総長就任に反対する500万人近い旧ツイッターのデモが発生し、『週刊文春』によって黒川検事長の〝賭けマージャン〟が暴露されて、黒川検事長は退任を余儀なくされた。まだ予断は許さないが、この国はかろうじてディストピア化されずに踏みとどまったのである。

第3節　世襲という病

三代目が身上を潰す

自民党は末期症状を呈しつつある。

これまで述べてきたように、「2015年体制」は、裏金による地方政治支配を基盤にし、その利益共同体の基盤を守るために、東京生まれの東京育ちのエセ地元議員である世襲議員を担ぐことでできている。そして「2015年体制」は、劣化した世襲政治家でも国会議員として生き残れる仕組みを作り上げる必要性から生まれたのである。それゆえ、世襲議員が行う政治の根本的問題点は、難しい政治学の学説を当てはめて説明するより、「三代目が身上を潰す」という格言からくる庶民の日常実感で見た方がずっとわかりやすい。実際、三代目の世襲政治家は、世の中で言われている三代目世襲経営者の弱点とそっくりである。

三代目は「家業」を潰すまで社長にしがみつく傾向があるが、「家業」が傾いてくると、初代の苦労を知らないためにいくつかの共通の欠点が見えてくる。

第1に、過去の「栄光」にしがみついて、世の中の変化や客のニーズの変化に全くついていけなくなっている。過去売れたかもしれないが、今は売れなくなった商品なのに、同じ商品を売り続けて会社がどんどん傾いていく。東京オリンピック、大阪万博、リニア新幹線といった1960年代〜70年代初めの高度成長期の再現を望む「三丁目の夕日」路線がそれに当たる。すべて大赤字になって負債ばかり残していく。世界で進歩が著しい情報通信産業、ゲノム創薬と医薬品ヘルスケア産業、再生可能エネルギーと蓄電池、EVと自動運転などの先端産業分野では決定的に後れを取ってしまった。その結果、世界の株式時価総額トップ100に入った日本企業はついにトヨタ1社だけになってしまった。

昔からのなじみということで、政治献金をくれる古臭い重化学工業企業が集まる経団連企業に都合のよい国家事業ばかりやって、ますます産業衰退を招いている。第4章と第5章で詳しく述べるが、防衛費倍増による武器輸出、原発60年超えの運転再稼動、4桁暗証番号の古臭いプラスチックのマイナンバーカード、石油元売り企業や電力大手向けのエネルギー補助金などがそれにあたる。それによって四半世紀にわたって実質賃金が下がり続け、貿易赤字を定着させた。結果がすべてなのに、世襲政治家は当面の利益、官僚は自分の天下り先しか考えず変えようとしない。

第2に、三代目の世襲は往々にして地べたに這いつくばって努力した経験がなく、世襲として経営トップを引き継ぐことが最大の目標になっている。岸田文雄首相は典型的で、首相になりたいだけで、何をしたいというこだわりがなく、会社の未来に関してはほとんど何も考えておらず、少なくとも思いつき以上のものを表明することができない。「お家騒動」がある会社だと、何よりも優先的に考えることは、後継者を潰すことである。安倍元首相も岸田首相もその典型である。そして自分を初代より劣っていると、比較されることを嫌い、失敗しても失敗を認めず、謝罪せず、経営方針を変えず、自己正当化ばかりしている。

第3に、「世襲」というのは、公正な選抜基準はなく家柄とか縁故という「私的」な基準なので、公的立場にありながら周囲では極めて「私的」な人間関係が形成される。それゆえ民主主義という統治原理とは相反することがある。時には、三代目世襲は絶対的支配者のように振る舞うのを好む。そのために、周囲できちんとした意見をする者を排除する。2014～15年以降、内閣人事局で忖度官僚だらけにし、放送法解釈変更で批判的な司会者やコメンテーターを徹底的に排除し、日本学術会議の任命拒否や国立大学法人法「改正」で大学や科学者の自治を壊すのである。

さらに行けば、自分のご機嫌をとる者をひいきし、主として金銭関係や許認可関係などの「利益」が与えられる。そのために森友学園の国有地売却事件、国家戦略特区における加計学園の獣医学部の情実認可の疑惑、「桜を見る会」における公選法違反疑惑など公私混同の行為が横行する。三代目世襲経営者は会社の会計などの粉飾を始めると末期症状だが、安倍政権の下では公文書や統計の改ざんが行われてきた。

第4に、会社の内輪（内部事情）を優先して、客のニーズを無視し、客に不良品を押しつけ始めると、これは潰れる前兆である。マイナンバーカードは欠陥カードであって民間企業ならとうに潰れていたのに、売れない商品やサービスを客＝利用者に押しつけて平然としている。あるいは、世論的にとても支持されているとは言えない、本来医療に使うべき健康保険の保険料負担に子育て支援金を上乗せするのもおかしい。後述するように、裏金問題も国民世論を無視して、内輪だけを考えて甘い「処分」で終わらせようとするのも基本的に世襲の特性から来ている。

第5に、会社（国家）を自分のものだと勘違いして私物化する。ついには裏金作りを始めると、もはや末期症状である。異常に借金を膨らませて宴会をして平気になってしまう。サラ金経営に陥って潰れそうになると、経営者も幹部も通常の健全経営ではありえないような裏金作りを始める。国会議員のレベルではパーティ券裏金作り、政府のレベルでは使い道がチェックされないような予備費を膨らませ、官僚は基金を膨らませるのである。社員も労働組合も将来不安を抱えているが、目先の給料を上げてもらうことしか言わない。経営がしだいに長い付き合いの銀行への借金頼みになっていく。国の場合、通常の企業と違って中央銀行がお札を刷れるので、「失われた30年」と言われるように、ある程度長持ちしてきたが、破綻するときは極めて悲惨である。三代目世襲政治家は家業が潰れるまでしがみつくために、自民党だけでなく国も潰れていくことになるだろう。

政治腐敗が日本を覆う

この間をもう一度振り返ってみよう。政治的には、民主主義的諸制度の破壊を背景にして、その中核がエセ地元の世襲政治家になるがゆえに、権力者たちによる縁故主義を横行させる。現実に、2014年9月に経団連が自民党への政治献金を復活した。2007年に官僚の天下りが復活していたが、ほぼ同時期の2013~14年に官僚たちの天下りも本格的に増加していく。それは、国民に開かれた民主主義的な議論とは正反対の原理に基づくがゆえに、必然的に政治的腐敗を生んでいく。そして実際にそれが起きている。

2016年6月には、森友学園へ不当に安い値段で国有地が払い下げられた。首相夫人の安倍昭恵との「縁故」が背後にあり、財務省も国交省大阪航空局も関与した疑いがあった。それは結局、財務省による公文書改ざんをもたらし、2018年3月7日、近畿財務局職員の赤木俊夫さんを自死に追い込んだ。それに懲りないまま、安倍元首相と深い親交がある加計孝太郎が理事長である加計学園に、2017年11月14日に愛媛県今治市を国家戦略特別区域として獣医学部新設が認められた。だが、その決定プロセスに安倍首相と官邸への関与が問題にされた。さらに2019～20年にかけて「桜を見る会」が問題化した。「桜を見る会」への招待客が拡大し、招待客の選定基準の不透明さに加え、招待客として安倍首相の後援会を招いた。税金の私物化が問題になるとともに、前夜の夕食会の会費問題にかかわって公選法や政治資金規正法違反の疑いが発生した。「桜を見る会」に関連する質疑の過程において、安倍元首相は国会で事実と異なる虚偽答弁を118回も繰り返した。一国の首相が嘘をつきまくっていたのである。

それでも、こうした不正腐敗の法的責任はおろか国会での道義的責任さえ問われなかった。そのために、不正腐敗が自民党全体に広がり、2023年には裏金問題へと広がっていった。個人に対して企業団体献金を禁じた政治資金規正法の抜け道として、派閥の政治資金パーティでノルマを超える分をキックバックする違法な方法が横行していた。森友学園・加計学園・「桜を見る会」の不正で追及を受けてきた安倍元首相は、派閥の会長になった翌年の2022年春に裏金を廃止するように提案した。ところが、後述するように、その後、何度か安倍派幹部が会合を持ったが、結局、裏金キックバックが続けられた。

自民党の安倍派・二階派・岸田派を中心に最終的に17億6000万円もの裏金を95人もの国会議員が山分けしていた戦後最大の疑獄であり、組織犯罪であった。裏金問題の露見は、実はアベノミクスによる経済政策の破綻と裏表の形で起きている。

アベノミクスは完全に破綻した。インフレ状況でアベノミクスを続けることは、従来の物価を引き上げるデフレ対策の枠組みで、物価上昇を抑えるインフレ対策を行うことであり、論理的には支離滅裂になっている。しかし、アベノミクスのツケは重く、依然として出口がない泥沼が続いている。次の章では、経済政策が破綻する中で「表」に出てきた裏金キックバック疑獄の根深い構造を明らかにしていこう。

第2章 自浄能力なき隠蔽国家

——腐敗が止まらない仕組み

第1節　検察の権力チェック機能も自民党の自浄能力も期待できない

政権交代以外に浄化できない

安倍晋三元首相が作り出した「2015年体制」が、95人という戦後最悪の裏金キックバック疑獄を生み出した（そのうち形式上、不記載を訂正した議員は表3と表4を参照）。前章で明らかにしたように、〈裏金〉こそは、小選挙区で利益を独占する地域支配の政治手段であり、その担い手として東京生まれ東京育ちの世襲議員を生み、地域が衰退すればするほどその地域の政治支配を強化する仕組みであった。その利益共同体から排除されると生活できなくなるがゆえに、それは言論を封殺する仕組みとしても機能する。そしてこの地域支配が基盤になって、民主主義と相反する縁故主義の仲間内資本主義（クローニーキャピタリズム）が中央政治を乗っ取っていったのが「2015年体制」であった。

この民主主義破壊と経済衰退がらせん状階段を降りるように進む過程は、それを支えてきたアベノミクスの破綻とともに、そのメカニズムの中心にある〈裏金〉による不正腐敗を露呈させていった。しかし、残念ながら、司法にも立法府の国会にも、こうした不正腐敗を排除し防ぐ仕組みが存在していない。そして若干回復の傾向が見えるものの、メディアもそうした批判能力をまだ失ったままだ。前章で述べたように、黒川検事長が検事総長になっていたら、「2015年体制」というディストピアが完成し、裏金問題さえ表面化せず、隠蔽されていっただろう。現状では、できかかっている「2015年体制」の下では、政権交代する以外に、この安倍晋三が作ろうとしたディストピアを完全に取り除くことができなくなっている。

長期政権下では検察は公正さが保てない

今の日本の検察制度は、残念ながら権力へのチェック機能を果たすことは期待できない。日本の司法制度はアメリカの「起訴法定主義」と違って、起訴するか否かについて検察がサジ加減で決めることができる「起訴便宜主義」をとっている。政権交代がなく長期政権が続いているために、検察は自公政権を忖度しながら自らの権限を拡大するように動いてきた。とくに日米安全保障政策や原発政策が典型的だが、自公政権の政策に反する行動をとらない。自公両党の国会議員が不正腐敗行為を行っても、できるかぎり政権を揺るがす行動をとらない。「起訴便宜主義」を利用して、政権との間で取引することによって自らの権限を拡大してきた。

一方、自公政権も不正腐敗を規制する法律にも抜け道をとっておくようにしてきた。政治資金規正法で言えば、会計責任者が有罪になれば国会議員も失職する「連座制」の規定が公職選挙法よりも非常に弱い。そのため、両者の「共謀」をどう立証するかに関して、検察のサジ加減の余地が極めて大きく働くことになった。それを背景にして、検察は時の権力者と手を握り、権力者が有利になるようにサジ加減を発揮することによって、官僚機構として自らの権限を拡大させる行動をとる。そういう動き方をしてきた事例はいくつかある。

２００６年10月、プルサーマル（再処理によって分離されたプルトニウムをウランと混ぜたＭＯＸ燃料を原発で使用する）に反対する立場をとった佐藤栄佐久・前福島県知事を逮捕し、「収賄ゼロ」のまま有罪にした判決を出した。それによって事実上、福島第一原発の再稼働を促していった。そして、それがその後の福島第一原発事故につながっていった。

２００９年6月、自称障害者団体の郵便切手割引を悪用した「凜《りん》の会」をめぐって、大阪地検特捜部の証拠のテープ改ざんによって厚労省の村木厚子さんが逮捕された。この冤罪事件を契機にして、取り調べの可視化が問題にされ、検察審査会での起訴議決が導入されるなど、民主党が検察改革に突っ込み始めた。今度は、2010年1月、政治資金規正法違反で小沢一郎衆議院議員の秘書および元秘書3人が逮捕された。この過程で、民主党内は小沢対反小沢の対立関係が生じ、しだいに民主党政権は半身不随になっていった。

2020年3月に、第1章でも述べたように、安倍〝友〟の黒川検事長を定年延長で検事総長にしようとする検察庁法改正法案を提出するとともに、アメリカの対中国制裁に同調して経済安保法制を整備する過程で、証拠のでっち上げで大川原化工機事件を引き起こした。これらを見ればわかるように、2009~12年のわずか3年3ヵ月あまりの民主党政権があっただけで、政権交代がない長期政権下では検察はまともに機能せず、むしろ権力機関としての役割をむき出しにしてくるのである。

検察の政治的「忖度」

2022年11月に「しんぶん赤旗」の、5派閥が政治資金収支報告書に多額の不記載があるとのスクープ記事がきっかけになり、上脇博之神戸学院大学教授が企業業界団体の寄付金と付き合わせて丹念に調べて派閥側が記載していない点を突いて告訴した。これをきっかけに、検察が動き出して裏金問題が表面化していった。本来、政治家個人は企業団体献金を受けてはならないはずが、派閥の政治資金パーティを介して、直接中抜きしたり、ノルマを超えた分をキックバックしたりして横流しするといった状況が出てきた。

しかし検察は、国会議員が起訴される過去の不正を問う金額を4000万円として、それを踏襲して、4000万円以下には不正にメスを入れなかった。まず、安倍派と二階派の会計責任者は在宅起訴、岸田派の会計責任者を東京簡裁に略式起訴しただけだった。政治家に対しては、検察は過去の事例にならったとして4000万円を「基準」にした。4000万円という金額は法律に書かれているわけではなく、検察が勝手に決めた基準である。もちろん一般庶民にはこうした「情状酌量」は認められない。では、なぜ訂正記載だけで裏金が許されるのか。4000万円以上の裏金を受け取った議員だけが起訴され、なぜ1000万円超や2000万円だと許されるのか。その根拠の説明はない。

実際、約4800万円の池田佳隆衆議院議員と秘書は証拠隠滅など悪質だとして逮捕されたが、5100万円の大野泰正参議院議員と秘書は在宅起訴、4300万円の谷川弥一衆議院議員と秘書は略式起訴しただけだった。二階派では、会長の二階俊博・元党幹事長の秘書が、派閥からパーティ収入約3500万円を得ていたのに関連政治団体の収支報告書に記載しなかったとして略式起訴されただけだった。

東京地検特捜部は安倍派の下村博文・元文部科学大臣、塩谷立・元文部科学大臣、「5人衆」と呼ばれる松野博一・前官房長官、西村康稔・前経済産業大臣、高木毅・前党国会対策委員長、世耕弘成・前党参院幹事長、萩生田光一・前党政調会長の幹部計7人については立件を見送った。政治資金規正法は会計責任者が起訴されれば、自動的に議員個人も議員を失職する連座制の規定がない。それをいいことに、事務総長経験者自身も裏金を受け取っていたとしても、会計責任者との「共謀」が立証できないという「理由」から政治資金収支報告書の訂正だけで許されることになった。後述するが、安倍派の会計責任者である松本淳一郎被告の裁判では、松本被告と安倍派幹部らの説明が大きく食い違ったままだ。

安倍派は6億7503万円、二階派は2億6460万円、岸田派は3059万円と合計9億7000万円に達すると報じられた。その後、二階派会計責任者の永井等被告の公判での証言によれば、二階派の不記載金額は約3億8000万円に上る。つまり合計で約10億8500万円に達する戦後最悪の疑獄事件にもかかわらず、検察は本来、政治資金規正法違反だった裏金を、政治資金収支報告書に記載し直せば、国会議員たちは罪を問わないという形で幕引きを図ったのである。

表3は、2024年2月段階で「訂正」した85人の政治資金収支報告書の不記載・誤記

表3　アンケートで不記載が確認された自民党議員ら（2018年～22年の政治資金収支報告書が対象）

出所：2024年2月14日付「東京新聞」より抜粋

氏名（敬称略）	選挙区	不記載額（円）
衆院　51人		
二階俊博	和歌山3	3526万
三ッ林裕巳	埼玉14	2954万
萩生田光一	東京24	2728万
堀井学	比例北海道	2196万
武田良太	福岡11	1926万
中根一幸	比例北関東	1860万
平沢勝栄	東京17	1817万
簗和生	栃木3	1746万
林幹雄	千葉10	1608万
杉田水脈	比例中国	1564万
宗清皇一	比例近畿	1408万
菅家一郎	比例東北	1289万
小田原潔	東京21	1240万
衛藤征士郎	大分2	1070万
松野博一	千葉3	1051万
高木毅	福井2	1019万
大塚拓	埼玉9	994万
和田義明	北海道5	990万
柴山昌彦	埼玉8	896万
関芳弘	兵庫3	836万
吉野正芳	福島5	660万
尾身朝子	比例北関東	623万
細田健一	新潟2	564万
西村明宏	宮城3	554万
髙鳥修一	比例北陸信越	544万
下村博文	東京11	476万
根本幸典	愛知15	420万
義家弘介	比例南関東	369万
若林健太	長野1	368万
亀岡偉民	比例東北	348万
上杉謙太郎	比例東北	309万
鈴木英敬	三重4	280万
木村次郎	青森3	236万
塩谷立	比例東海	234万
青山周平	比例東海	230万
稲田朋美	福井1	196万
谷川とむ	比例近畿	188万
佐々木紀	石川2	184万
井原巧	愛媛3	168万
宮内秀樹	福岡4	161万
宮沢博行	比例東海	132万
西村康稔	兵庫9	100万
福田達夫	群馬4	98万
越智隆雄	比例東京	84万
山田美樹	東京1	76万
小森卓郎	石川1	70万
田畑裕明	富山1	68万
鈴木淳司	愛知7	60万
藤原崇	岩手3	14万
宮下一郎	長野5	12万
加藤竜祥	長崎2	10万

氏名（敬称略）	選挙区	不記載額（円）
参院　31人		
山谷えり子	比例	2403万
橋本聖子	比例	2057万
世耕弘成	和歌山	1542万
宮本周司	石川	1482万
堀井巌	奈良	876万
丸川珠代	東京	822万
羽生田俊	比例	818万
岡田直樹	石川	774万
加田裕之	兵庫	648万
末松信介	兵庫	584万
山田宏	比例	560万
西田昌司	京都	411万
石井正弘	岡山	378万
上野通子	栃木	318万
佐藤啓	奈良	306万
森雅子	福島	282万
江島潔	山口	280万
赤池誠章	比例	268万
吉川有美	三重	240万
太田房江	大阪	214万
松川るい	大阪	204万
井上義行	比例	178万
北村経夫	山口	118万
長峯誠	宮崎	116万
野上浩太郎	富山	100万
衛藤晟一	比例	80万
酒井庸行	愛知	58万
山本順三	愛媛	58万
石田昌宏	比例	26万
高橋はるみ	北海道	22万
山崎正昭	福井	4万

氏名（敬称略）	選挙区	不記載額（円）
選挙区支部長　3人		
中山泰秀		908万
今村洋史		220万
加納陽之助		40万

載額の一覧である（2024年2月14日付「東京新聞」。ただし、堀井学は自民党を離党し不出馬）。そもそも政治資金収支報告書の公開は3年分だけであったうえに、領収書もなく、ほとんどが日付不明であった。そうであるなら、これらのほとんどは脱税行為であり、その使途をしっかり追及すべきだったが、検察はそうしなかった。一般の人々ならば、領収書なし、あるいは日付なしの届けなど許されるはずはなく、悪質なケースでは所得税法違反に問われるはずである。ところが、国税庁もそうしなかった。検察も国税庁も政治的に忖度していると言われても仕方がないだろう。

表4は、2024年5月7日時点で、政治資金収支報告書に訂正記載された安倍派79人の国会議員（元職・候補者を含む）の裏金金額である（2024年5月11日付「朝日新聞」）。この訂正を見ても、ほとんどが不明であり、事態はほとんど変わっていない。

検察の忖度に乗る岸田政権

岸田政権が裏金問題を根本的に解決する気がないことは、岸田文雄首相自身が、検察の忖度に乗っかっていることで明らかである。岸田派も政治資金収支報告書への不記載が約3000万円に上るにもかかわらず、検察によって「悪質性なし」と不問に付されたので

亀岡偉民	衆・比例東北	56万円	292万円	不明
上野通子	参・栃木	130万円	188万円	不明
上杉謙太郎	衆・比例東北	23万円	286万円	不明
佐藤啓	参・奈良	68万円	238万円	
森雅子	参・福島	114万円	168万円	
鈴木英敬	衆・三重4	0円	280万円	不明
江島潔	参・山口	40万円	240万円	
赤池誠章	参・比例	170万円	98万円	不明
吉川有美	参・三重	0円	240万円	不明
木村次郎	衆・青森3	92万円	144万円	不明
塩谷立	衆・比例東海	38万円	196万円	不明
青山周平	衆・比例東海	158万円	72万円	不明
今村洋史	元衆・比例東京	0円	220万円	不明
太田房江	参・大阪	198万円	16万円	
松川るい	参・大阪	10万円	194万円	不明
稲田朋美	衆・福井1	0円	196万円	
谷川とむ	衆・比例近畿	54万円	134万円	不明
佐々木紀	衆・石川2	18万円	166万円	不明
井上義行	参・比例	8万円	170万円	不明
井原巧	衆・愛媛3	0円	168万円	不明
宮沢博行	元衆・比例東海	0円	132万円	不明
北村経夫	参・山口	20万円	98万円	不明
長峯誠	参・宮崎	38万円	78万円	不明
西村康稔	衆・兵庫9	30万円	70万円	
野上浩太郎	参・富山	4万円	96万円	不明
福田達夫	衆・群馬4	4万円	94万円	不明
越智隆雄	衆・比例東京	66万円	18万円	不明
山田美樹	衆・東京1	42万円	34万円	不明
小森卓郎	衆・石川1	0円	70万円	
田畑裕明	衆・富山1	24万円	44万円	不明
鈴木淳司	衆・愛知7	8万円	52万円	不詳
酒井庸行	参・愛知	54万円	4万円	不明
山本順三	参・愛媛	22万円	36万円	不明
加納陽之助	衆院候補者	0円	40万円	
石田昌宏	参・比例	0円	26万円	不明
高橋はるみ	参・北海道	0円	22万円	不明
藤原崇	衆・岩手3	4万円	10万円	不明
宮下一郎	衆・長野5	0円	12万円	不明
加藤竜祥	衆・長崎2	0円	10万円	不明
山崎正昭	参・福井	0円	4万円	
	総額	**1億7317万円**	**3億1514万円**	

出所：2024年5月11日付「朝日新聞」
備考：1年分でも日付を不明、不詳と訂正した議員を「不明・不詳」とした。

表4 **安倍派裏金議員らの政治資金収支報告書の訂正状況**
（2024年5月7日時点）

氏名	選挙区など	18～19年	20～22年	記載
三ッ林裕巳	衆・埼玉14	1146万円	1808万円	不明
萩生田光一	衆・東京24	776万円	1952万円	不明
山谷えり子	参・比例	884万円	1519万円	不明
堀井学	衆・比例北海道	1110万円	1086万円	不明
橋本聖子	参・比例	1768万円	289万円	不明
中根一幸	衆・比例北関東	1426万円	434万円	不明
簗和生	衆・栃木3	822万円	924万円	不明
杉田水脈	衆・比例中国	692万円	872万円	不明
世耕弘成	参・和歌山	706万円	836万円	不明
宮本周司	参・石川	508万円	974万円	不明
宗清皇一	衆・比例近畿	554万円	854万円	不明
菅家一郎	衆・比例東北	611万円	678万円	不明
小田原潔	衆・東京21	396万円	844万円	不明
衛藤征士郎	衆・大分2	100万円	970万円	不明
松野博一	衆・千葉3	186万円	865万円	
高木毅	衆・福井2	154万円	865万円	不明
大塚拓	衆・埼玉9	120万円	874万円	不明
和田義明	衆・北海道5	280万円	710万円	不明
中山泰秀	元衆・大阪4	312万円	596万円	不明
柴山昌彦	衆・埼玉8	340万円	556万円	不明
堀井巌	参・奈良	410万円	466万円	不明
関芳弘	衆・兵庫3	312万円	524万円	不明
丸川珠代	参・東京	310万円	512万円	不明
羽生田俊	参・比例	184万円	634万円	不明
岡田直樹	参・石川	178万円	596万円	不明
吉野正芳	衆・福島5	246万円	414万円	不明
加田裕之	参・兵庫	0円	648万円	不明
尾身朝子	衆・比例北関東	256万円	367万円	不明
末松信介	参・兵庫	2万円	582万円	不明
細田健一	衆・新潟2	90万円	474万円	不明
山田宏	参・比例	278万円	282万円	不明
西村明宏	衆・宮城3	0円	554万円	不明
髙鳥修一	衆・比例北陸信越	60万円	484万円	不明
下村博文	衆・東京11	36万円	440万円	不明
根本幸典	衆・愛知15	24万円	396万円	不詳
西田昌司	参・京都	177万円	234万円	不明
石井正弘	参・岡山	180万円	198万円	不明
義家弘介	衆・比例南関東	6万円	363万円	不明
若林健太	衆・長野1	184万円	184万円	不明

ある。3億8000万円もの不記載の裏金がある二階派の領袖である二階俊博元幹事長も裏金問題の責任を問われなかった。自身の裏金は約3500万円もあった。さらに、官邸の巨額の資金を操っていた二階元幹事長が使途の公開義務がない「政策活動費」を5年間で50億円近くも受領したことが問題になったが、岸田首相は「政治活動の自由」を理由にメスを入れることを否定した。

さらに、裏金を政治資金収支報告書に記載せずに懐に入れていれば、政治資金規正法違反だけでなく脱税である。前述したように、訂正記載しても日付がなく領収書もなければ同じである。5年間で2728万円も不記載があった萩生田前政調会長は、約1900万円を事務所の机の引き出しに入れて管理していたとして、返済したという。これは悪質な所得隠しである。一般国民が巨額の裏金を引き出しに隠していたら、重加算税を課されるだけでなく、所得税法違反を問われうる。萩生田の免責は、国民にはとても受け入れがたいものである。

岸田首相の対応は、世論の批判にいやいやながら、あくまで内輪向きな対応に終始している点で非常に問題がある。まず2023年12月14日に松野官房長官、西村康稔経済産業大臣、鈴木淳司総務大臣、宮下一郎農林水産大臣の安倍派4閣僚を交代させた。さらに萩

表5 裏金議員らに対する自民党「処分」内容

離党の勧告	塩谷立	234万円	衆議院比例代表東海ブロック選出(安倍派)
	世耕弘成	1542万円	参議院和歌山選挙区選出(安倍派)
党員資格の停止	下村博文	476万円	衆議院東京11区選出(安倍派)
1年間	西村康稔	100万円	衆議院兵庫9区選出(安倍派)
半年間	高木毅	1019万円	衆議院福井2区選出(安倍派)
党の役職停止	萩生田光一	2728万円	衆議院東京24区選出(安倍派)
1年間	堀井学	2196万円	衆議院比例代表北海道ブロック選出(安倍派)
	松野博一	1051万円	衆議院千葉3区選出(安倍派)
	三ッ林裕巳	2954万円	衆議院埼玉14区選出(安倍派)
	橋本聖子	2057万円	参議院比例代表選出(安倍派)
	山谷えり子	2403万円	参議院比例代表選出(安倍派)
	武田良太	1926万円	衆議院福岡11区選出(二階派)
	林幹雄	1608万円	衆議院千葉10区選出(二階派)
	平沢勝栄	1817万円	衆議院東京17区選出(二階派)
半年間	衛藤征士郎	1070万円	衆議院大分2区選出(安倍派)
	小田原潔	1240万円	衆議院東京21区選出(安倍派)
	菅家一郎	1289万円	衆議院比例代表東北ブロック選出(安倍派)
	杉田水脈	1564万円	衆議院比例代表中国ブロック選出(安倍派)
	中根一幸	1860万円	衆議院比例代表北関東ブロック選出(安倍派)
	宗清皇一	1408万円	衆議院比例代表近畿ブロック選出(安倍派)
	簗和生	1746万円	衆議院栃木3区選出(安倍派)
	宮本周司	1482万円	参議院石川選挙区選出(安倍派)
戒告	大塚拓	994万円	衆議院埼玉9区選出(安倍派)
	尾身朝子	623万円	衆議院比例代表北関東ブロック選出(安倍派)
	柴山昌彦	896万円	衆議院埼玉8区選出(安倍派)
	関芳弘	836万円	衆議院兵庫3区選出(安倍派)
	髙鳥修一	544万円	衆議院比例代表北陸信越ブロック選出(安倍派)
	西村明宏	554万円	衆議院宮城3区選出(安倍派)
	細田健一	564万円	衆議院新潟2区選出(安倍派)
	吉野正芳	660万円	衆議院福島5区選出(安倍派)
	和田義明	990万円	衆議院北海道5区選出(安倍派)
	岡田直樹	774万円	参議院石川選挙区選出(安倍派)
	加田裕之	648万円	参議院兵庫選挙区選出(安倍派)
	末松信介	584万円	参議院兵庫選挙区選出(安倍派)
	羽生田俊	818万円	参議院比例代表選出(安倍派)
	堀井巌	876万円	参議院奈良選挙区選出(安倍派)
	丸川珠代	822万円	参議院東京選挙区選出(安倍派)
	山田宏	560万円	参議院比例代表選出(安倍派)
	中山泰秀	908万円	(衆議院立候補予定者・元衆大阪4区)

生田光一政調会長が辞任に追い込まれた。しかし、二階派の小泉龍司法務大臣はパーティ券の還流を受けたことを認めたが、政治資金収支報告書には記載していると自身は説明して、解任されなかった。小泉法務大臣は検察の指揮権を持っており、かつ検察の捜査状況を知りうる立場である。岸田首相も慌てて岸田派会長を辞めただけだった。この時点で、検察が甘い処分をするのは目に見えていた。

そして岸田首相は、派閥パーティの自粛を言い、解散を唱えた「派閥」も「政策集団」と言い換えただけに終わっている。そして、岸田首相は安倍派議員が徒党を組んで反抗してくるのを防ぐために、安倍政権時の政策を全面的に実行し続けている。憲法「改正」、原発の運転期間の60年超への延長や防衛費倍増、円安インフレ容認のアベノミクス継続、マイナ保険証強行といった政策を〝着実〟に実行している。ある意味で安倍派以上に安倍的であったと言ってよい。岸田首相には実現すべき政策理念や思想があるわけではなく、「長く総理大臣であり続けたい」という目的以外に何もないように見える。

第2節　国会審議で明らかになったことは何か

安倍派幹部の協議

自公両党が圧倒的多数を占める国会においても、予算委員会や政治倫理審査会（政倫審）における野党の追及によって、裏金問題や政治献金に関して明らかになったいくつかの問題点がある。

まず安倍元首相が、第1章で明らかにしたように、森友学園、加計学園、「桜を見る会」などの不正行為が露呈して追及された後、黒川検事長を検事総長につけるのに失敗して、ディストピアは未完成のまま終わらざるをえなかった。アベノミクスやコロナ対応などの失敗に伴って2020年9月に安倍首相は辞任を余儀なくされた。そして2021年10月には、安倍政権で官房長官を務めていた菅義偉が首相を辞任し、岸田文雄が新たに首相に就任した。

安倍元首相は、2022年5月にこの年の派閥パーティの開催を控えて、裏金キックバックに関して幹部たちと協議した。同年1月に、安倍元首相と西村康稔・前経済産業大臣との間で協議し、3月にも安倍元首相と安倍派幹部の細田博之前衆院議長、西村康稔・前経済産業大臣と世耕弘成・前党参院幹事長が話し合いを持っていたことがわかってきた。同年5月の派閥パーティを控えた4月に、安倍元首相は裏金還流の取りやめを提案したとされている。同年7月に安倍元首相が亡くなった後の8月にも、安倍派の幹部（塩谷立、下村博文、西村康稔、世耕弘成の4名）の間で協議がもたれた。2024年1月31日の記者会見において、下村博文議員の弁明で、安倍派幹部の協議の出席者のうち一人が「個人のパーティの還流分を個人の政治資金収支報告書に上乗せして、合法的な形で出す案もあった」と発言した。

死人に口なしだが、そもそも裏金が違法であるとの認識がなければ、幹部の間で協議など行う必要などないだろう。ところが、政倫審において、西村前経産大臣は「決まらなかった」と言う、つまり会計責任者が勝手に決めたとした。これに対して塩谷元文科大臣は「継続しようと決まった」と答えたなど違いはあるが、世耕前参議院幹事長は「違法性の認識の議論はしていない」と説明しながら「賛同した」ことだけ覚えているという都合の良い記憶を述べた。下村元文科大臣も「知らなかった」「違法性について議論はなかった」と繰り返した。

ところが、安倍派の事務局長兼会計責任者の松本淳一郎被告は、2024年6月18日の2回目公判において、2022年8月の安倍派幹部の会合で、「やむなしとの結論」になり、裏金キックバックの継続が決まったと証言している。安倍派幹部が各議員に還流（キックバック）継続を連絡し、「（連絡が終わったという）4議員からの回答を待って還付した」と説明し、「還付は会長に相談して会長の判断で決まるので、事務局長の独断で還付することは不可能だ」と強調した。残念ながら、政倫審の証言は証人喚問と違って偽証罪に問えない。改めて国会で国政調査権を行使して調べていかなければならないが、そのためには政権交代が不可欠になる。

所得隠しと脱税

検察が裏金問題で自民党幹部の罪をほとんど問わない中、本来ならば当然、脱税行為として問われる「裏金」や政策活動費の使い道が問題になるべきであった。使途不明の「裏金」も、また領収書のない政策活動費も、国税庁が課税対象とすべきだからである。

二階元幹事長は1年間に約10億円もの政策活動費を使っているが、使途不明金で領収書さえない。甘利明議員へは2021年10月1日から11月4日までの幹事長在任35日間に、総裁である岸田文雄の決裁で3億8000万円が8回に分け支出された。この間の10月31日に衆院選の投開票があった。松野前官房長官も、退任直前に官房機密費4660万円を手に入れた。領収証なしの公金使用を「政治活動の自由」という岸田首相の「理屈」は通らないだろう。歴代幹事長はすべて脱税犯であると言ってよい。

そこに2024年5月10日付「中国新聞」は、元官房長官の証言として、官房機密費から国政選挙の陣中見舞いとして候補者に100万円が配られたという。これは裏金や政治献金ではなく、税金の私的流用であり、公選法違反でもある。

2024年2月16日の財務金融委員会で、江田憲司議員は、各都道府県の選挙管理委員会の手引きでは政治団体が得た収入をその構成員に分配した場合、課税すると書いてあると指摘した。したがってキックバックを受けた裏金を政治団体に付け替え訂正記載しただけで、裏金が政治団体への寄付となりうるのはおかしいという。

安倍派幹部の裏金の説明は、一般人の納税実態から見れば、到底容認しがたいものである。松野前官房長官は845万円を事務所の金庫に隠していたが、政倫審出席に際して、後から突然500万円以上もの領収書を出してきた。なぜ金庫で別に保管していたのか、なぜ領収書が後から出てきたのかも説明できない。

前述したように、下村博文元文科大臣が24年1月31日の記者会見において、安倍派幹部の協議の出席者のうち一人が「個人のパーティに還流分を個人の政治資金収支報告書に上乗せして、合法的な形で出す案もあった」と発言した。明らかに違法性の認識があった発言であったが、その点が問題になって下村元文科大臣も政倫審に出てきた。ところが、「知らない」あるいは「違法性は議論しなかった」という発言を連発し、森喜朗の影響も「知らない」になった。下村自身も裏金は使わずに現金で区分してとっておいたと言い逃れをした。これも一般人なら脱税行為としてあげられるだろう。

萩生田前政調会長は1月22日の記者会見で、裏金が5年間で2728万円に及ぶことを明らかにしたうえで、なんと1900万円弱を金庫に隠していて返納したことを明らかにしたが、政治資金収支報告書に訂正記載された残る裏金も「不明」のままで記載も日付もない。通常では、これで税金の追徴を受けないことは考えられない。

西村康稔元経産大臣には別の問題がある。参加が予定されていない人数をあらかじめ想定した小さな部屋を予約してパーティを開いていた。個人に対して企業団体献金を禁じているが、これは隠れた企業団体献金にあたるのではないかと疑われている。

岸田首相自身は、任意団体と偽って2022年6月12日に広島市内のホテルで「首相就任を祝う会」が開催された。後援会の政治資金収支報告書には支出した約340万円も、寄付した約320万円も記載がなく虚偽記入だとして政治資金規正法違反で訴えられている。

違法とまではいえないが、脱法行為も行われている。茂木派もチェックの効かない裏金ルートを作ってきた。茂木敏充幹事長は資金公開基準（1万円超）が厳しい国会議員の関係政治団体から、公開基準が緩い（5万円以上）その他の政治団体に10年間で3・2億円を資金移動していた。寄付による資金移動が2009～22年の14年では4億4000万円にのぼる。この資金移動の結果、使途明細がない割合は全体で94・4％を占めた。新藤義孝経済再生相も同じ手口を使っている。新藤自身が代表を務める「自由民主党埼玉県第2選挙区支部」から関係団体ではない「新藤義孝後援会」に10年で総額約2億5000万円を寄付した。茂木・新藤とも、最新の22年の政治資金収支報告書に記された両団体の住所や会計責任者は同じだった。

参議院政倫審も同じ

参院政治倫理審査会（政倫審）では、安倍派の世耕弘成前参院幹事長と橋本聖子元五輪大臣、西田昌司の3人だけが出席した。偽証罪に問われない形式にもかかわらず、審査対象となっている自民参議院議員ら32人のうち9割が審査を回避した。問題の焦点は参議院選挙の時、全額キックバックをした疑いがあったことであった。つまり事実上、政治資金規正法に違反して、個人に企業献金をしていたのではないかという疑いであったが、全員出席拒否でまったく分からなくなった。

政倫審に出席した世耕前参議院幹事長は、1542万円に上る裏金不記載額については「受けている認識はなかった」、報道の後に知ったと答弁した。キックバックの制度を知っていながら、自分にキックバックがあったことは知らない、秘書がノルマ通り売っていたとまたも秘書のせいにしている。安倍派の会計責任者の松本淳一郎被告の証言とも大きく食い違っている。

さらに世耕前参議院幹事長は不記載額のうち2020〜22年の裏金836万円について政治資金収支報告書を訂正記載したが、領収書がない2018〜19年の「前年からの繰越金」などの欄と2020年以降の60万円の支出先は不明のままであった。かき集めた領収書も有名洋菓子店のもので、地元支援者への食事接待のうえに高級クッキーを贈答したと答えている。和歌山の有権者には自分の資金管理団体で購入した贈答品は何一つ渡したことはないと違法性を否定しているが、どう見ても公選法違反の疑いが濃い。その他にも高級シャンパンやワイン、高級百貨店の商品券やギフトカードも含まれている。

裏金2057万円を受け取った橋本聖子元五輪大臣は、それを「私」からの借入金として政治資金収支報告書に記載し、個人口座の借入金から差し引く会計操作をしていた。だが、貸し付けに付け替えても自身の口座に入れたのなら課税所得となり、所得からの控除は認められない。これも脱税である。

2024年4月28日に行われた3つの衆議院補選（東京15区、島根1区、長崎3区）で野党の立憲民主党が勝利したために、理事が交代して逆転し、政倫審が再開できるようになった。そして衆議院の政倫審が、萩生田光一、二階俊博らを含む自民議員44人の審査を議決し、参議院の政倫審でも29人の審査を議決した。にもかかわらず、全員欠席の意向となった。自民党は裏金問題の実態解明を行うつもりがまったくないということが露呈されている。

第3節　自民党内のアリバイ的処分と法改正

自民党内の処分で幕引きか

裏金問題に対する自民党の対応は、2024年1月に、自民党内で派閥の長を集め、安倍派10人も入れた政治刷新本部で派閥解消などの議論から始めたように、当初から実態解明をする気がなく、有権者にひたすら忘れてもらうために何をするかに知恵を絞ってきた。第1章で明らかにしたように、裏金は小選挙区制度における地域政治支配の中心的手段であり、この手段を失うと、自民党は存立基盤を大きく失ってしまうからである。検察が自民党幹部の刑事罰を問わないことがわかり、偽証罪がない政治倫理審査会に自民党幹部を五月雨式に出席させ、みな「知らない」「知らなかった」の非常識な発言を連発させた後に、自民党内でアリバイ的に「処分」をして終わらせようとしてきた。

3月7日に自民党の政治刷新本部は、党則・党規律規約の改定案とガバナンスコード（党運営の指針）の改定案を提示し、岸田首相に一任し、3月17日の自民党大会で正式決定した。自民の党則、規律規約の改定案では、政治団体の会計責任者が政治資金規正法違反で逮捕または起訴された場合、議員に離党勧告などができる、有罪判決が確定し議員の関与などが認められた場合は除名もできるという内容だった。あくまでも勧告であって、内輪の努力規定で終わらせようとした。しばらくすれば、元に戻る形式上の「処分」であった。

そして4月4日、党本部で党紀委員会を開き、表5で示したような、安倍派と二階派の議員ら39人の処分を決定した。

この「処分」はあくまでも内輪向けであまりに甘く、国民の納得が得られる内容ではない。まず第1に、岸田派も二階派も会計責任者が起訴されているのに、岸田首相も二階元幹事長もまったく処分対象から外された。二階元幹事長は次回選挙での不出馬を理由に処分から外れたうえに、三男の二階伸康が選挙区（和歌山・新2区）で立候補することが決まった。世襲議員として地盤・看板・カバンを引き継ぐのである。

第2に、使途もまったく調査もせず、一律500万円以上という恣意的な基準で処分が行われたことである。実態を解明する気がまったくないことを示している。

第3に、本来、法律違反であり最低限議員辞職であるべきなのに、1年ないし半年の党員資格停止、さらに1年の党役職停止はほとんど「処分」というには軽すぎる。萩生田前政調会長に至っては、裏金金額が2728万円と多く、しかも1900万円は引き出しに隠していたという悪質事例であるにもかかわらず、役職停止だけである。しかも役職停止でありながら、東京都連会長職を辞めていない（2024年7月に、都議選敗北によってようやく辞意を表明した）。

第4に、今回は除名もなく、離党勧告が一番重かったが、世耕には刺客になる自民党候補も立てず、過去の事例に従えば、おそらく1年もしたら処分は解かれ、簡単に復帰することになるだろう。形だけの「処分」だと言ってもよいだろう。

有権者は忘れてくれるか

5月7日時点で、安倍派（元職、衆院候補者を含む）79人の政治資金収支報告書の訂正記載した金額は、すでに表4で示した。先に見たように、ほとんどが日付不明や不詳のままである。検察も国税庁も、その使途を追及せず、脱税さえ問わず、野放しで幕引きを図っている。会計責任者たちの裏金裁判の過程でも検察は、職員間で引き継がれているとの認識で押し通し、幹部議員の関与を否定するつもりだろうが、すでに安倍派の会計責任者の松本淳一郎被告は安倍派幹部が決定したことを明らかにしている。それでも検察は安倍派幹部をかばうのだろうか。あるいは「みそぎ選挙」を待って、国民が忘れるのを待つのだろうか。

1992年9月に露見した東京佐川急便事件では、検察は、金丸信に対して5億円の政治献金の記載漏れで罰金20万円を科すだけで幕引きを図った。ところが、世論の反発は大きく、結局、家宅捜索が行われ、蓄財と脱税が明らかになって逮捕にいたった。今回は、安倍派はこの3年分を含む2018～22年の5年間で、所属議員らの関係95政治団体に支出した6億7000万円以上が不記載だった。二階派・岸田派も合わせれば、当初発表でも総額およそ10億8500万円（最終的には17億6000万円）に達する戦後最大の裏金疑獄であるにもかかわらず、検察は脱税での捜査を全くしていない。

そもそも議員個人に対する裏金キックバックは違法であるにもかかわらず、検察は、それを政治団体への寄付にすり替えて訂正記載すればよいとした。ところが、政治資金収支報告書は3年間しか公表義務はなく、2年分はほとんど領収書もない。残りの3年分も領収書もなくあるいは日付もなかった。にもかかわらず、脱税を問われることもなかった。

このまま検察が幕引きを図るならば、国会が弁護士、会計士、税理士らを入れた第三者委員会を設けて外部監査で、政治資金収支報告書に訂正記載すれば、入金記録と領収書をしっかりと見て、偽造がないか、脱税がないかチェック精査すべきである。安倍派の会計責任者の裏帳簿もあると言われている。これも公開させるべきである。

少なくとも裏金は重加算税を課し、悪質なケースは所得税法違反に問うべきだろう。問題の解決には岸田首相が犯罪を隠蔽するか否かにかかっていたが、岸田首相は「裏金議員に納税を促さず」と答弁した。キックバックされた裏金を政治団体に付け替えたので、政治団体は法人税を支払う義務はないという論理のすり替えである。隠し金は領収証もなく、急ごしらえで集めた怪しい領収書でごまかしており、明らかに所得税法違反である。自民党に自浄能力がないとすれば、残念だが、政権交代する以外に、国家犯罪を問う手段は残されていない。

安倍首相による森友学園、加計学園、「桜を見る会」についてきちんと追及できなかった結果が、この戦後最大の疑獄事件である。脱税犯罪を問うだけでなく、誰が裏金を必要とし、誰が指示したのかという全容解明のために徹底的に追及することが、民主主義国家の再建にとって必須の条件である。

キックバックで裏金にしても、明るみに出なければOK。ばれても政治団体に付け替えれば、領収書がなくてもでっち上げてもOK。使途公開基準が甘い後援会組織に資金移動してもノーチェック。ばれなければ、地方議員にカネをばらまいてもOKだ。何より政権交代がない政治システムが戦後最大の疑獄を生じさせ、自浄能力を失ってこれらの巨大な不正腐敗を一掃することができなくなってしまったのだ。

現状では、岸田政権は、政倫審において裏金議員を五月雨式に参加させ、国民が裏金問題に飽きることを待ち、自民党の党則「改定」による「処分」でお茶を濁すつもりである。少なくとも再発を防ぐために、しっかりした政治資金規正法に改正すべきだったが、自民党はそれをも骨抜きにした。

第4節　政治資金規正法改正の自民党案の欺瞞性

自民党案は抜け穴だらけ

２０２４年５月17日に、自民党は政治資金規正法の改正案を単独で提出したが、公明党、日本維新の会との間で合意ができ、６月６日に衆議院を通過した。その後、政策活動費の10年後の領収書公開という日本維新の会の無意味な合意に批判が出て、参議院では維新が反対に転じたが、６月19日に参議院でも法案は通過した。「連座制」、政策活動費、政治資金パーティ、企業団体献金の４点について見ると、この政治資金規正法「改正」は、すべてが抜け穴だらけである。

まず「連座制」について、自民党案では、政治資金収支報告書の提出にあたり、議員による「確認書」交付を義務化し、不記載が起きた場合、記載していなかった収入を国に納付させ、会計責任者が処罰された場合には政治家にも刑罰を科すとした。議員が内容を確かめず「確認書」を作成していた場合は議員の公民権を停止するとしているが、「気づかなかった」ので「悪質ではない」になっていくだろう。さらに茂木幹事長がやってきたように、公開基準が1万円超の議員個人の関係団体の政治資金収支報告書から、5万円以上と公開基準が緩い、その他の政治団体に付け替えれば、ほとんど使い道はチェックされなくなる。実際、茂木幹事長のケースでも、2009〜22年の14年で資金移動は4億4000万円にのぼり、使途明細がない割合は全体で94・4%を占めた。

しかも会計責任者が処罰されるのは検察「基準」では4000万円。それ以下ならば、国会議員は処罰されることはない。これでは「連座制」とほど遠い内実である。政治資金規正法をより厳格な基準に変えたうえで、会計責任者が法令違反をしたら同時に議員個人も処罰される、言葉の意味通りの「連座制」を導入すべきだろう。

第2に、政策活動費については、政党から50万円以上の支出を受けた議員は使途を政党に報告し、党の収支報告書に記載し、公開される内容は大まかな9項目ごとに月日と金額だけである。日本維新の会との合意で、上限額を決めた上で10年後に公開することになった。一応、使途を領収書等により公開するとし、第三者機関のチェックを義務付けたが、領収書の範囲も第三者機関も具体的には何も決まっていない。

しかし、政治資金収支報告書の公開義務は3年間、脱税は法的申告期限から5年間、悪質なケースは重加算税が課されるのが7年間、したがって領収書の保存期間は7年間であり、その間に何度か総選挙が行われることを考えれば、10年後の公開はほとんど意味がなく、何のチェック機能も果たさない。結局、自民党の金権政治の温床を丸々残すことになるだろう。

思い起こせば、二階元幹事長が毎年およそ10億円、5年間約50億円も使い道を明らかにせずに使っていたが、河井克行・案里夫妻の買収事件の原資はなお不明のままだ。本来、政策活動費は基本的に課税対象とするべきであり、もっと言えば、廃止すべきである。百歩譲って、政策活動費を残して公開するならば、他の政治資金と同じく領収書で明細を公開すべきであろう。

第3に、パーティ券購入者の公開基準額についても、公明党との「妥協」で現行の20万円超から5万円超に引き下げた。当初、自民党は10万円超だとして一見対立しているかのように見せていたが、最初からこの線を落としどころにしていた可能性が高い。仮に5万円に引き下げても、同じ人間が4回にわけて「寄付」をすれば、以前の20万円と変わらないからである。支出公開で見ても、茂木幹事長がやってきたように、公開基準1万円超の議員個人の政治団体から公開基準が5万円以上の甘いその他の政治団体への寄付による資金移動でほとんど使い道を特定されずに「自由」に使えることに変わりはない。つまり、ほとんど領収書なしになる。そもそもを言えば、政党交付金をもらっているならば、政治資金パーティは禁止すべきだろう。

第4に、今回の法改正では企業団体献金への言及がないが、同じように国の予算から政党交付金をもらっているならば、本来、企業団体献金は禁止すべきであろう。

以上を見ても分かるように、今回の政治資金規正法改正は抜け穴だらけで、政権交代なしに本格的な改正はできないことが明らかになった。

公明と維新の無意味な「妥協案」

新聞・通信各社の世論調査は、多くの国民が政治資金規正法改正に満足しているわけではないことを示している。2024年6月の「朝日新聞」の世論調査では、政治資金規正法改正案について「あまり効果はない」48%と「全く効果はない」29%をあわせて、計77%が「効果はない」と答えた。同じく「毎日新聞」の世論調査では、政治資金パーティ裏金事件の再発防止に「つながるとは思わない」が80%に上った。同じく時事通信の世論調査では、政治資金規正法改正案について「あまり評価しない」が33%、「まったく評価しない」が39・2%で、7割超が否定的だった。「大いに評価する」は1・4%、「ある程度評価する」もわずか16・4%にとどまった。どう見ても、国民の大多数の納得が得られていない。

事態の経緯を思い起こしておこう。リクルート事件などを契機にした政治改革が行われる過程で、企業団体献金を止めることを前提にして、1994年政党助成法が公布され、国民1人当たり年間250円にあたる金額の政党交付金が配分されてきた。実際、自民党は年間約160億円もの政党交付金を受け取っている。ところが、多額の政党交付金を受け取ったうえに経団連からも24億円の献金を受け取っているのは、1994年の政治改革の意図に反している。たとえば、参議院の予算委員会で辻元清美議員が指摘したように、防衛力強化を議論する有識者会議に、自民党に3年間毎年3300万円も献金する三菱重工の会長が参加し、2022年度まで三菱重工は、政府からの契約額の順位が7年連続で第1位となっている。明らかに利益相反であり、公共政策という観点から見て不当である。この問題は、改めて第4章で詳しく扱おう。

前述したように、公明党や日本維新の会と交渉して「改善」したという演出が行われたが、政治資金規正法に関する公明党と維新による修正案はほとんど意味のないものであり、到底国民の納得を得られるものではなかった。実質的に実効性のある連座制は導入されなかった。そして企業団体献金の廃止もなかった。

公明党が主張したパーティ券購入者の公開基準額を現行の20万円超から5万円超への引き下げは前述したように、4回に分割すればほとんど無意味だ。また公明党の主張を受け入れたとする政治資金規正法改正法の3年後の見直しも、何をどう見直すか具体的な内容がなく無意味である。政治資金パーティの禁止が必要だろう。そもそも公明党の交渉担当の石井啓一元国交大臣は、森友問題で国有地売却の際の値引きの根拠となった3メートル以深のゴミに関する国交省文書(「21枚写真資料」)が偽造された疑いが濃くなった当時の大臣である。説得力があるとは思えない。

日本維新の会が出した「政策活動費を10年後公開」はもっと無意味である。前述したように、政治資金規正法の罰則規定の多くや脱税は5年が時効であり、悪質なケースでの重加算税でも領収書の保存義務は7年間である。10年後の公開では、脱税さえ一切問うことはできないのである。このように自公維新の「交渉」はほとんど無意味であり、完全にザル法のままとなった。もはや政権交代以外に、裏金や政治献金による金権政治を払拭することはできないし、現状の経済衰退を止めることはできないのである。

何をなすべきか

裏金を媒介にし、世襲議員を軸にした地域政治の独占と支配を放置しておく限り、裏金問題の解決は不可能だろう。三代目世襲政治家の特質は、自分だけ生き残ることしか考えず、そのためにライバルを潰し続けることである。その点では、安倍元首相も岸田首相も共通している。裏金疑獄に対する厳しい処罰と根絶を願う「国民の声」よりも、常に自民党の内輪の事情を優先し、ライバルを牽制することしか考えない。

萩生田前政調会長や二階元幹事長らを含む衆議院の自民党議員44人も、参議院の自民党議員29人も政倫審さえ出席せず、一切の「丁寧な説明」とやらをせずに、幕引きしようとしている。そうすることで、安倍派の勢力をそぎつつ、岸田首相の自らの地位を有利にすることができると考えたからだろう。二階元幹事長が次回選挙での不出馬を表明したことでおとがめなし。裏金疑獄や政策活動費の使い道を隠し通して、河井夫妻の買収資金も、裏金を使ったとされる巨額の本代もうやむやにする。世耕参議院議員の衆議院議員への鞍替えを阻止し、二階元幹事長の三男を後継候補として世襲することで「逃げ得」を狙う。これで政策活動費という巨大な犯罪の実態解明を妨げ、法的処分を回避して自民党の金権政治をうやむやにしようとしている。

塩谷元文科大臣に離党勧告で責任を負わせ、西村康稔前経済産業大臣、世耕弘成前参院幹事長、下村博文元文科大臣、松野博一前官房長官、高木毅前国対委員長の安倍派幹部の勢力をそぎながら、除名せずに、つぎの選挙に出て当選すれば、みそぎが終わったとして、戦後最悪の組織犯罪の法的責任はうやむやになるシナリオである。その中で、萩生田光一前政調会長は役職停止としながら都連会長の地位にとどまり、二階元幹事長に代わって小池百合子都知事と連携させる。

もっとも、有権者の目は厳しく、都議選の敗北を受けて萩生田は都連会長を辞任した。そして２０２４年8月14日、岸田首相は総裁選不出馬を表明せざるをえなくなった。これが「自民党が変わる最初の一歩」と言ったが、二階元幹事長と同じ。裏金問題をうやむやにする第一歩になるだろう。総裁選で看板をかけ替えただけで、肝心の政治資金規正法の改正は抜け穴だらけにしたまま、政治献金と裏金の仕組みの温存を図り、ひたすら国民を諦めさせ、何か大きなニュースを作って、忘れるのを待っている。そして「２０１５年体制」が産み落とした戦後最大の疑獄追及も終わらせるつもりだろう。

だが、ごまかしは許されない。どうすれば、よいのか。

まず何より、国会で弁護士、会計士、税理士らによる第三者委員会を設置し、国政調査権を行使して、領収書のない裏金、インチキな領収書を徹底的に調査し、悪質な事例を国民の前に開示すべきである。安倍派や二階派の会計責任者、安倍派の幹部や二階元幹事長、森喜朗元首相を含めて証人喚問をすることである。実態を解明したうえで、改めて政治資金規正法の改正を行い所得税法違反を問うべきだろう。

政治資金規正法に関しては、以下の改革を実行すべきである。

① 企業団体献金を廃止する。違反した場合には罰則として政党交付金を大幅に減額すべきである。

② 過去の政策活動費の情報開示を行わせ、できない場合は課税する。そのうえで、政策活動費を禁止する。

③ 議員が政治団体を複数持つことを禁じ、議員個人の政治団体に法人格を与える。支出の公開基準を1万円以上とする。

④ 個人献金の公開基準は2万円まで引き下げ、ネット上で情報開示と銀行口座記帳を義務化する。

⑤ 会計責任者が法令違反を犯した場合、連座制を適用して議員も公民権停止とする。

だが、これだけでは、不十分である。裏金国家は底なし沼のように深い。2024年5月10日付「中国新聞」の報道によれば、官房長官には毎月1億円の官房機密費が入ってきて、領収書なしで使える。うち1000万円は首相や自民党国対委員長に渡すのが習わしだったらしい。そして2013年参議院選挙で安倍首相が候補者に「陣中見舞い」として100万円を配ったという。

これは別次元の裏金である。しかも公金の流用で公職選挙法違反だ。ところが、官房機密費について、自民党の鈴木馨祐衆議院議員(党政治刷新本部の法整備に関する作業部会座長)が根拠なしに「選挙には使っていない」と断言したが、機密費なので分かるはずがない。これは裏金問題とは別に厳しく追及しなければならない。

政権交代できる政治が必要

上記のような改革が必要なのは明らかであるが、自公政権では実現できないだろう。第1章で明らかにしてきたように、〈裏金〉と政治献金は「2015年体制」を回していく

「潤滑油」の役割を担っている。それは小選挙区で利益を独占する地域支配の政治手段であり、世襲議員を軸に抱え込み、地域が衰退すればするほどその地域の政治支配を強化させていく仕組みである。この利益共同体は言論を封殺し、民主主義の原理と相反する仲間内資本主義（クローニーキャピタリズム）を支える基盤となる。

この「2015年体制」はどんどん腐っているようだ。裏金を含めた政治資金の移動において税控除の悪用も明るみに出てきた。菅家一郎衆議院議員が安倍派の「裏金」1289万円を原資に、自身が当時代表を務めていた党支部などに寄付し、約148万円の税控除を受けたことが発覚した。稲田朋美衆議院議員も2020〜22年、党支部に計2022万円を寄付し、税控除を受けたことを認めた。平井卓也衆議院議員も2020年に1000万円、21年に500万円を支部に寄付し、税控除を受けた。さらに親族3人が2020〜21年に4000万円を支部に寄付し、税控除を受けた疑惑が報じられた。そして福岡資麿参議院議員も、個人の貯蓄から事務所の運営費として200万円を自身が代表を務める政党支部に寄付をし、67万3860円の所得税控除を受けていた。本来、一般個人が政治家に寄付する際に受ける税控除制度を、政治家自身が自らに寄付して悪用するのは、明らかに国民の税金を盗むに等しく、究極のモラル崩壊を示している。

長期政権は腐敗するものだが、安倍政権は発足当初から「2015年体制」が出来上がってくるにつれて、縁故主義に基づく仲間内資本主義が進行し、どんどん腐っていった。岸田政権は裏金問題の実態解明をおろそかにし、政治資金規正法改正も抜け道だらけのザル法に変えてしまった。もはや「政権交代できる民主主義政治」を実現する以外に、裏金と政治献金の実態を明るみに出して解決していくことはできない。そして政権交代なしに、安倍政権が作り出した「2015年体制」を覆すことはできない。それは、日本経済と日本社会を再生するためには避けられない道なのである。

第3章 裏金国家

——国が腐るとはどういうことか

第1節　「惨事」便乗型資本主義

「裏金国家」日本と憲法

裏金問題の深刻さは、政治家だけでなく、裏金作りが官僚たちにも及んでいることにある。問題は、この国全体が「裏金国家」と化していることにある。これから詳しく述べる「後年度負担」、「予備費」、「基金」といった国会のチェックが及ばない仕組みを多用して、防衛費（軍事費）を膨張させており、それは民主主義国家の国家財政のあり方を蝕んでいるからである。

日本では近隣諸国への侵略に及んだ第二次世界大戦の反省から、憲法9条が生まれた。以降、歴史修正主義者たちも平和主義者たちも、この憲法9条をめぐって政治的に争ってきた。しかし、その前に、いまの日本は「裏金国家」の出現によって、近代国家の根幹をなす議会と法律によって税金や予算を決めるという財政民主主義が壊されてしまった。

憲法83条から85条の規定を見てみよう。

憲法83条は「国の財政を処理する権限は、国会の議決に基いて、これを行使しなければならない」とあり、84条は「あらたに租税を課し、又は現行の租税を変更するには、法律又は法律の定める条件によることを必要とする」とあり、85条は「国費を支出し、又は国が債務を負担するには、国会の議決に基くことを必要とする」とある。これは主権者である国民が選んだ議員によって構成される国会が予算を決め、租税法定主義をとり、国会が歳出を決め監視することを規定している。

もともと世界で最初に議会制民主主義を生んだイギリスでは、1215年のマグナ・カルタ、1689年の権利章典を経て、王権に対して土地貴族たちは、議会の同意なしに、税を課し、平時の常備軍を保持することができないことを決めた。これらは法の支配と議会制民主主義の起源とされることは有名だが、日本国憲法では83条以降の財政条項がそれに当たる。日本は第二次世界大戦の敗戦で憲法9条の平和条項が特異なので軽視されがちだが、憲法9条改正の前に、これから述べる「裏金」創出の手法を用いた防衛費膨張によって憲法83条以降の財政民主主義が壊されてしまった。安倍政権が作った「2015年体制」が、近代国家の基本原理をも壊してしまったのである。

それは「惨事」便乗型資本主義と呼ばれる手法を用いている。「惨事」便乗型資本主義はカナダのジャーナリスト、ナオミ・クラインの『ショック・ドクトリン』(岩波現代文庫、上・下）から来ている。新型コロナウイルスの世界的流行という「惨事」を契機に、これまで憲法で禁じられた国家的「裏金作り」に手を染め、この国家的「裏金」で防衛費倍増を既成事実化させようとしてきた。もちろんナオミ・クラインは、チリの軍事クーデター（ピノチェト体制）やイラク戦争を例にあげ、普段ならばできないような「新自由主義的改革」を次々と実現していったことをあげているが、日本の新型コロナウイルスの「惨事」では、全く正反対に「裏金作り」で財政膨張を実現し、軍事国家路線に一気に向かっていったのである。

新型コロナと「惨事」便乗

新型コロナウイルスの世界的流行を契機にして、菅義偉前首相は図1が示すように、2020年度以降、大規模な補正予算（2020年第3次補正以降）を組んで予算を急膨張させた。安倍政権の下で予算規模は100兆円を超えたが、さらに2020年度は補正予算を含めて182・3兆円まで膨らんだ。その後も、2021年度は173・4兆円まで増え続けた。岸田政権になっても、2022年度は161・7兆円、2023年度は127・6兆円と通常より大きく膨らみ続けた。

図1　予算規模の膨張

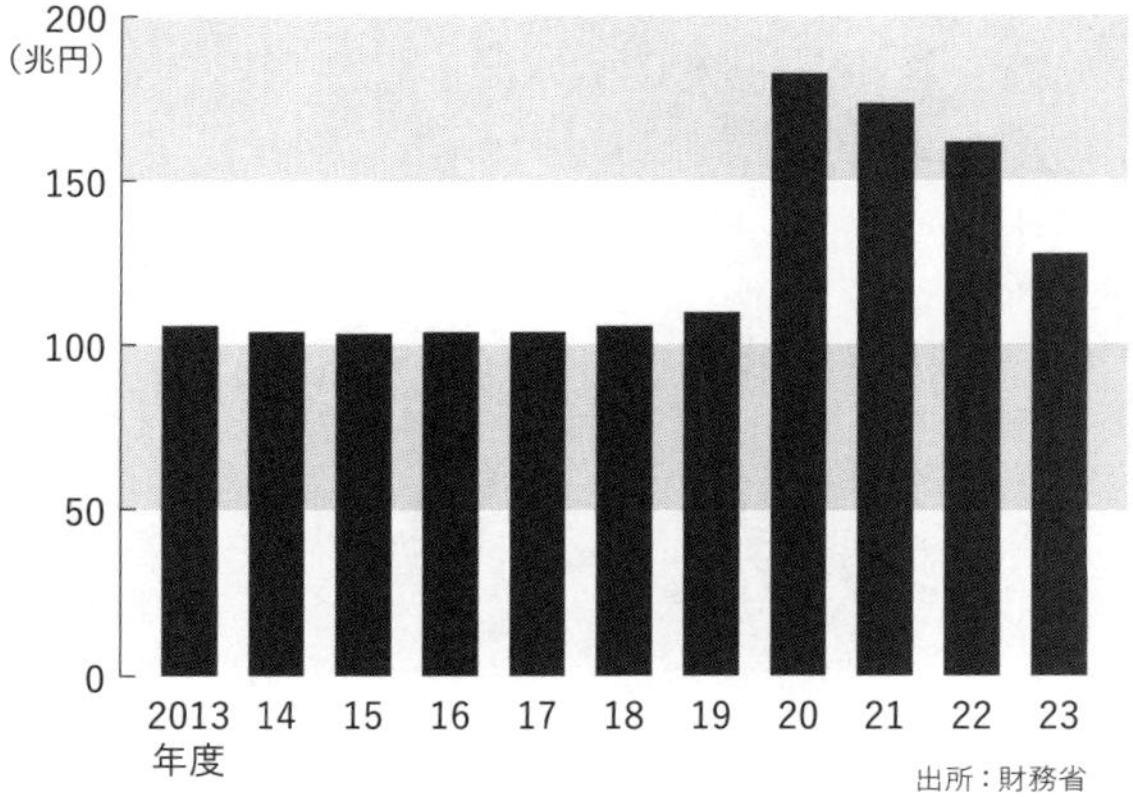

出所：財務省

図2が示すように、「第2の予算」と言われる財政投融資計画額も急速に膨らんだ。15兆円前後だった財政投融資の規模が、2020年度に66・5兆円、2021年度には42・6兆円、22年度には20・7兆円と膨らんだ。財政投融資は、昔は郵便貯金を原資にしていたが、いまは財投債を発行して公社・公団・金庫などの特殊法人を中心に運用している。政府金融機関はこれをバックにして大企業にも緊急融資を行い、中小零細企業に対しても実質無担保無利子のゼロゼロ融資を実行していったと考えられる。同時に、図3が示すように、日銀の貸付金も急膨張した。2021年度には約145兆円に膨らんだが、民間金融機関を中心に

図2 **財政投融資計画額（フロー）の推移**

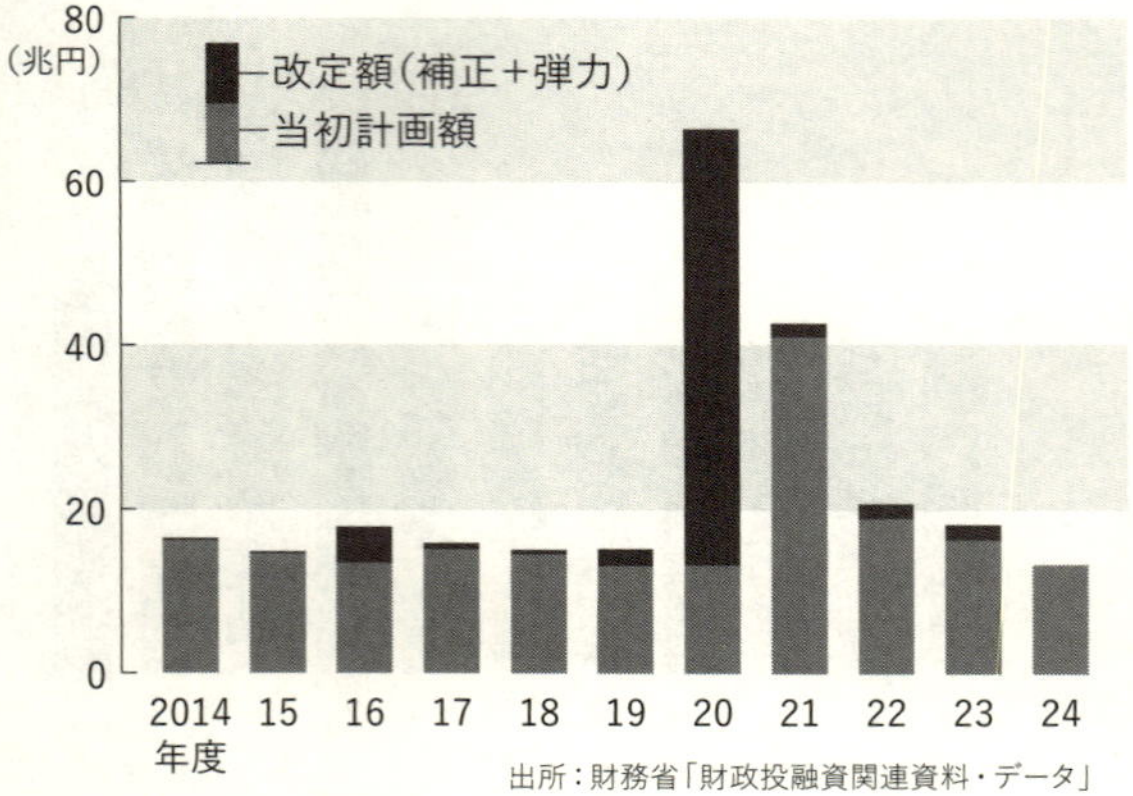

出所：財務省「財政投融資関連資料・データ」

図3 **日銀の貸付金の推移**

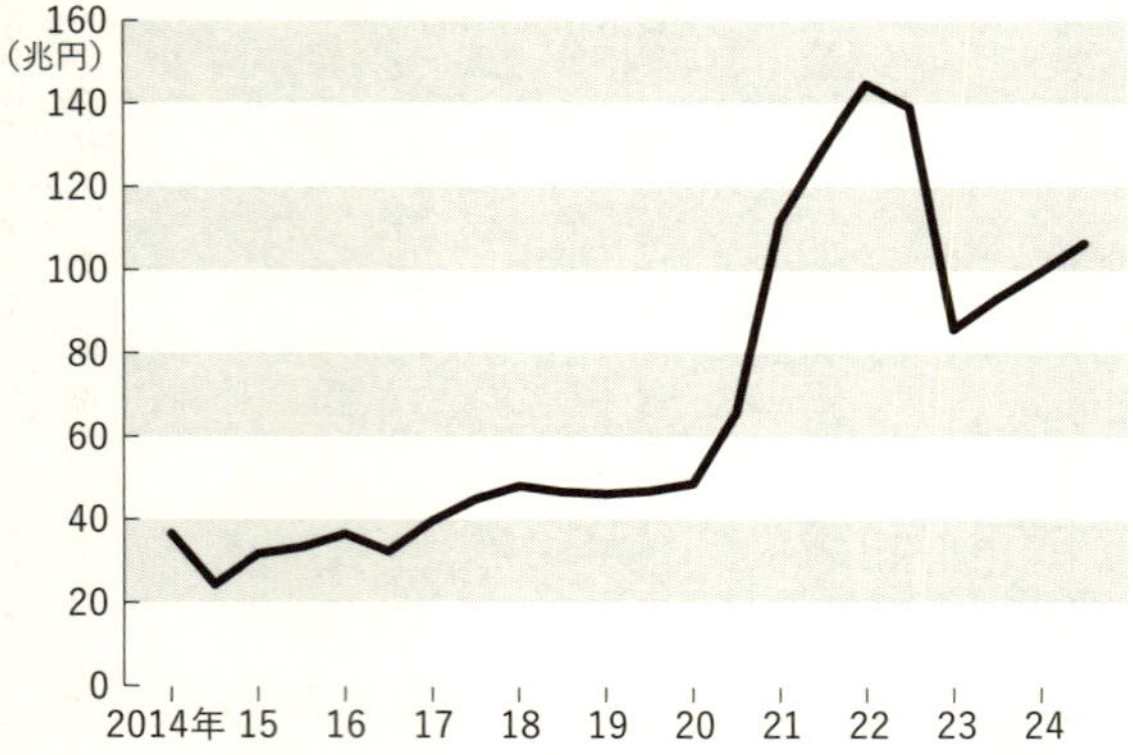

出所：日本銀行「営業毎旬報告」より作成

表6　膨張する予備費

2012年度	当初予算 0.8兆円	+	補正予算 1.2兆円			=	計2兆円
⋮							
2020年度	当初予算 0.5兆円	+	1次補正 1.5兆円	+	2次補正 10兆円	=	計12兆円
2021年度	当初予算 5兆円	+	1次補正 1.5兆円	+	2次補正 6.8兆円	=	計8.3兆円
							（2次補正の5兆円は22年度繰越）
2022年度	当初予算 5.5兆円	+	1次補正 1.52兆円	+	2次補正 4.74兆円	=	計11.76兆円
2023年度	当初予算 5.5兆円						

出所：新聞記事などから

したゼロゼロ融資をまかなった。

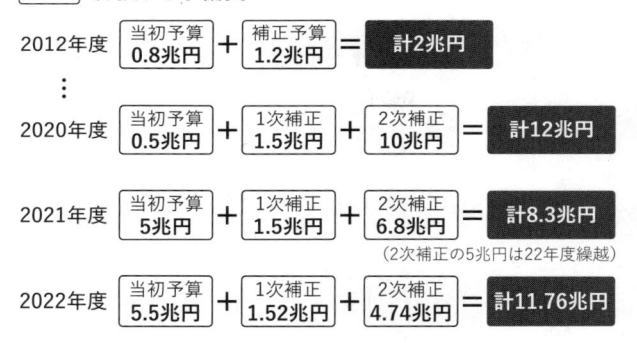

　新型コロナウイルスの流行という「惨事」に便乗して、表6で示すように、憲法83条の財政民主主義を壊して、国会のチェックが効かない予備費を毎年およそ10兆円も組んでいた。東日本大震災でさえ予備費は2兆円だったのと比べると、予備費の額がいかに異常に膨張してきたかが分かる。さらに、そこから国会のチェックが効かない隠し金である「基金」を設け、２０２２年度では16兆円も余らせている。後で述べるように、予備費と基金を余らせて、一見、圧縮した形をとりながら、防衛費の倍増政策を賄おうとしたのである。

　財政投融資や日銀の貸付金はもともと国会のチェックが弱いが、本体の予算も大量に余らせ、国会で議論して決まる範囲がどこなのかがまったく分からなくなっている。たとえば、2020年度予算は約34・5兆円も使い残し、30兆7804億円を翌年度に繰り越した。2021年度の一般会計の決算概要によると、予算を計上したものの結果的に使う必要のなくなった「不用額」が6兆3028億円と過去最高となった。これとは別に22兆4272億円を年度内に執行しきれず22年度に繰り越した。コロナ予算の使い残しが18兆円もあった。そして決算剰余金は1兆3811億円に上った。

2022年4月23日付「日本経済新聞」によれば、国会に使い道を報告したコロナ予備費12兆円の9割が使途不明金であった。2022年度は第2次補正予算29兆6000億円のうち3割にあたる8・5兆円が38事業の「基金」に割り当てられた。基金も伏魔殿となっている。国会のチェックが効かない予備費や基金を意図的に余らせて、そこから倍増させた防衛費を捻出することが行われるようになったのである。

「惨事」便乗の防衛費倍増政策

防衛費倍増政策もまさに「惨事」便乗型資本主義によってもたらされた。それは、安倍政権の「静かなクーデター」とも言うべき「2015年体制」の下で国会のチェックを免れる形で、国民には見えにくいステルスの形で進められていった。戦後は戦争の反省のうえに立って、できるかぎり軍備拡張を抑えてきたが、第1章で述べたように、安倍政権は十分な国会議論もせずに、2014年にそれまで憲法上禁止されていた集団的自衛権の行使を閣議決定で認め、翌年それを前提にして安全保障関連法を制定した。

同時に安倍政権は、二重三重に国会のチェックをかいくぐった仕組みを使って防衛費の拡大を図ってきた。まず単年度の予算に縛られず、防衛装備品（兵器）を5年ローンで買う「後年度負担」という形式を使った。後年度負担は頭金から次第に額を累積する傾向があるので、目に見えないまま防衛費増加に歯止めがかからなくなってしまう。アベノミクスは大規模金融緩和でそうした制約がないかのように見せながら、この後年度負担を着実に増加させていったのである。

図4が示すように、2013年度の後年度負担は3・23兆円だったが、2022年度には5・9兆円まで倍増していった。後年度負担は、財政硬直化を招く。いったん防衛費の後年度負担を決めると、次年度以降の防衛予算を縛ってどんどん膨らませていき、歯止めを失わせる。その結果、これまで政府が守っていた防衛費は「対GDP（国内総生産）比1％以内」というシーリング（上限枠）を守れなくなってしまった。2022年9月に防

図4　防衛費と後年度負担

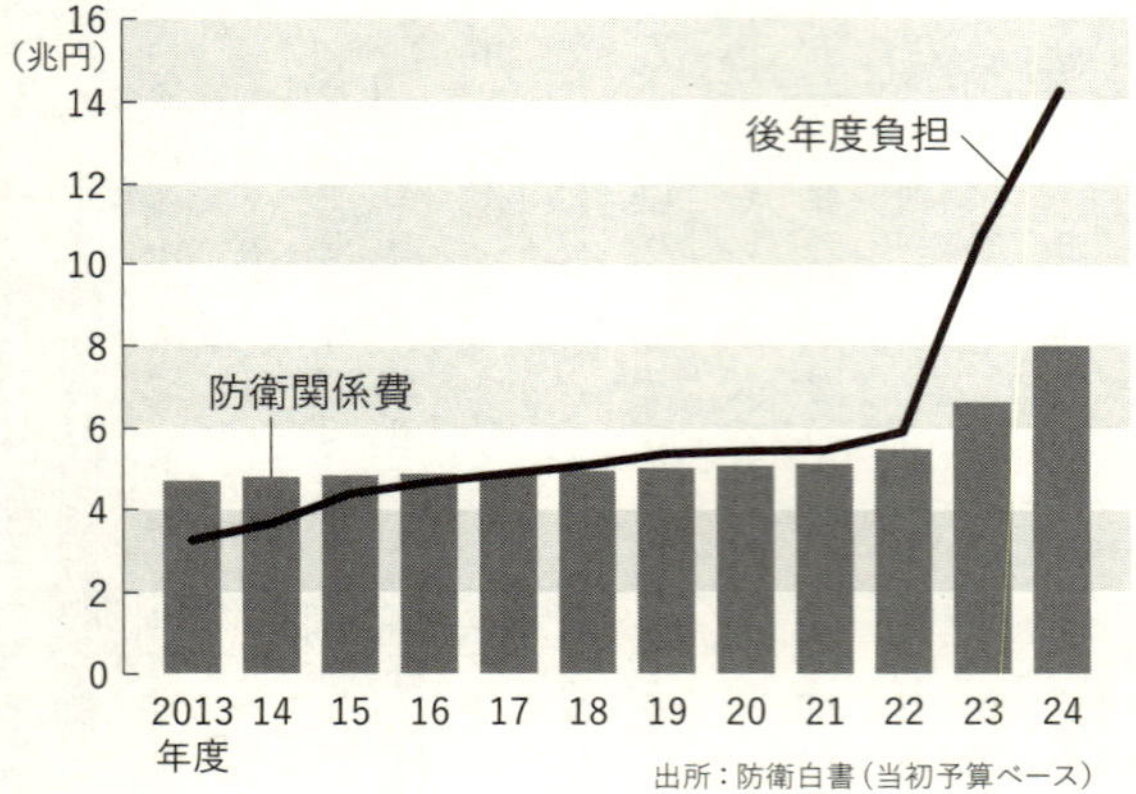

出所：防衛白書（当初予算ベース）

衛省は、「国力としての防衛力を総合的に考える有識者会議」を設置し、国会できちんとした議論もせずに、防衛三文書（「国家安全保障戦略」「国家防衛戦略」「防衛力整備計画」）を改定し、「敵基地攻撃能力」を政府が勝手に認め、5年間で防衛費を倍増させて43兆円にする方向を決めた。それによって日本は世界第3位の防衛大国になろうとしている。

この防衛費倍増政策は、新型コロナウイルスの世界的流行に続いて起きたロシアのウクライナ侵略、そして米中貿易戦争がエスカレートし、台湾有事が煽られていく中で、それに乗っかる形で打ち出された。そして、それは「2015年体制」の下で、国会の議論をほとんど無視されて実行されている。図4を見ると分かるように、2023年度の後年度負担は10・7兆円と大幅に増え、2024年度はさらに14・2兆円に膨らんでいる。防衛費倍増政策はますます国会のチェックもなしに進んでいるのである。

分かれ道で軍事国家路線を選択

世界史的に見て、アメリカと中ロの間は相互に緊張関係が増している。アメリカが、証拠がないままユニラテラリズム（単独行動主義）に基づいてイラク戦争を始めた時に、この「石油の戦争」に対して、中ロだけでなく独仏が反対し、先進資本主義の間で分裂が起きた。その後、アメリカがリーマンショックを引き起こして世界経済に大きな打撃を与えると、中国が大規模な景気対策を打って世界経済の救済に入るとともに、G20の地位の向上が起きた。同時に、プーチンの14年戦争が始まった。それはチェチェン、ジョージア（旧グルジア）、シリアとガスのパイプラインに沿って西側への領土拡張へと向かっていった。そして2014年3月にロシアがクリミアを併合すると、今度は、中国が南沙諸島で人工島建設を始めた。2020年6月、中国全国人民代表大会（全人代）は「2つの中国」政策を事実上廃棄し、香港国家安全維持法を決めた。今度は2022年2月、ロシアがウクライナ侵略を始めたのである。

この資源をめぐる不毛な国際的緊張に、日本側が加わっても何の利益もない。実際、ドイツが資源をめぐる戦争を拒否するために、2023年3月に再生可能エネルギー法を制定し、非戦のエネルギーとして再生可能エネルギーの促進を決めた。2030年までのエネルギーの8割を再生可能エネルギーとし、2035年には100%を目指す。ところが、日本もドイツも戦後同じ敗戦国となったが、日本はまたしてもドイツと違う道をたどり出している。日本は安倍政権が築いてきた「2015年体制」の下で、防衛費の後年度負担を増やしてちょうど「対GDP比1%以内」というシーリングを突破せざるをえないタイミングに、「惨事」に便乗する形で防衛費倍増政策を決めていったのである。そしてGDPは人口の少ないドイツに追い抜かれていった。

2024年4月8日（日本時間は9日）に岸田首相はアメリカを訪問して翌日日米共同声明を出したが、その大半が日米の軍事協力で埋め尽くされていた。自衛隊は新たな統合作戦司令部を設立し、米軍との作戦及び能力の「シームレスな統合」によって自衛隊と米軍の一体化を図るとした。日米共同声明では、それを「グローバルなパートナーシップ」と呼んでいる。つまり自衛隊は「インド太平洋」において米軍の作戦の下請けとなり、場合によっては有事（戦争）にも付き合うという内容である。と同時に、日米共同声明は日本政府の防衛費倍増政策をたたえている。防衛費はますます歯止めを失いつつある。

第2節　「国家的」な裏金作り

予備費を膨張させる

つぎに防衛費倍増政策の中身を見ていこう。実際に防衛費倍増で新たな財源が必要となるのは、従来の中期防衛力整備計画の5年分の対象経費25・9兆円を差し引いた、残る約17兆円である。その内訳は、表7に示した通りである。その特徴は、岸田政権の低支持率もあって防衛増税の先送りを続けており、ほとんどが変則的な手段で財源を調達している点である。まさに、国家による「裏金作り」と言ってよい。それは、外国為替資金特別会計(外為特会)の流用もひどいが、「裏金」と呼ぶのにふさわしいのは、予備費を意図的に余らせて「決算剰余金」を捻りだし、同じく基金も余らせてそれを削って「歳出改革」と称して防衛費を捻出する手法である。それは赤字国債のマネーロンダリングと言ってもよい。

防衛財源で最も大きいのが「決算剰余金」である。決算剰余金は変動が激しいが、これまで1兆~1・5兆円程度であったが、予備費を大量に余らせて不用額を作り出したうえでそれを削ったうえに、2022年度の決算剰余金は2・6兆円にまで膨らませた。通常

表7 防衛財源確保法（17兆円）の内訳

❶ 防衛力強化資金 4.6兆円
外為特会 3.1兆円／財政投融資 0.6兆円／コロナ対策 0.4兆円／大手町プレイス売却収入 0.4兆円

❷ 決算剰余金 3.5兆円

❸ 歳出改革 3兆円強

❹ 建設国債 1.6兆円

※4.4兆円が防衛増税（復興特別税の振り替え）

と比べて倍に膨らませた。決算剰余金は財政法6条にしたがって、2分の1を下らない金額は剰余金が生じた年度の翌翌年度までに、公債又は借入金の償還財源に充てなければならないと規定されている。そのために半分の1・3兆円が防衛費に充てられた。

ところが、この手の込んだ手法をきちんと分析せず、新聞・テレビは、税金の増収から決算剰余金が出ているといった虚偽報道に基づくキャンペーンを繰り広げていった。

たしかに2022年度の当初税収見込み額は65兆2350億円だったが、税収が71兆1373億円となり過去最高を記録した。前年度と比べた増収は約4兆円あり、主要3税で3・6兆円（法人税が1兆2970億円、消費税が1兆1907億円、所得税が1兆1395億円など）であった。インフレで消費税や所得税、円安で大企業の法人税収入が増えたからである。

だが、お金に色はついていない。為替レートを円安にしたうえに、22年度予算ではあらかじめ赤字国債を発行して、前述したように139兆2196億円もの巨額に膨らませたインフレ予算にして、2022年度決算ではインフレによる税の自然増収約4兆円を生じさせた。過去最大の予備費が11・76兆円も組まれ、それをまぜこぜにした。その結果、不用額も11・3兆円と過去最大となった。予備費11・76兆円と円安インフレ下で生じた増収分約4兆円を混ぜることで、比較的に自由に削りやすい予備費が見えなくなり、あたかも税の自然増収で決算剰余金を出したかのような印象操作を行ったのである。

予算規模を139・2兆円に膨らませれば、インフレ予算になって税収も増えるのは当然である。実は自然増収分を含めても歳入総額全体に占める税収の比率は約51%で、当初予算での比率とほとんど変わらない。結局、139兆2196億円の予算は赤字国債に依存している。つまり、この（後からでも簡単に削れる）予備費を膨大に積み上げてインフレ予算を組みながら、事後的に不用額を削る形をとって、予算総額を139兆2196億円からおよそ7兆円を削って132兆3855億円に減らした。それでも余った予算として決算剰余金を出した形をとったのである。国債発行額も6兆6710億円減ったが、形のうえでは新規国債発行というインフレ予算をそのままにしながら、借換債の前倒し発行という形をとって国債を減額する。しかし、よく考えれば分かるように、そもそも基礎的財政収支が深刻な赤字を抱えているのに、2・6兆円もの多額な決算剰余金が出るはずがない。このように手の込んだ赤字国債マネーロンダリング手法を使って作り出した巨額の決算剰余金は国家による「裏金作り」なのである。

「基金」と「歳出改革」

表7を見ると、つぎに大きいのが「歳出改革」である。主にそもそも国会のチェックが効かない予備費から積み立てられた基金についても、事前に積み上げておいて余らせて削るという形をとって「歳出改革」という名で防衛費を捻出しようとしている。

基金は、官僚たちが天下りする独立行政法人や公益社団法人など公的機関が管理する。基金自体も国会のチェックが効かず、年度をまたがって運用されている。2023年10月20日付「朝日新聞」によれば、2022年度の第2次補正予算で基金50事業に8・9兆円が計上されたが、8事業計3・9兆円分については、審査を含む業務の大半を、広告大手や民間シンクタンク、人材派遣会社に委託されていた。鞘抜き事業である。まさに「基金」は官僚たちの「裏金作り」であった。

2022年度の基金数は約140にも達していた。2016～19年度末は2兆円台で推移していた基金の残高額は、2021年度末の12・9兆円から2022年度末には16・6兆円にまで増えていった。2024年度に入って、政府の行政改革推進会議は152基金、200事業を点検し、15事業を廃止し、約5400億円を国庫に返納させる。あたかも「行政改革」で良いことをしているかのように政府は振る舞っているが、これが「歳出改革」の実態であり、防衛費の財源捻出の一つなのである。

この他にも、2023年度は歳出改革（0・2兆円）と外為会計などから税外収入（1・2兆円程度）が捻出された。本来、防衛費は消耗的な性格を持つので、建設公債発行の対象としないはずだったが、2023年度から防衛省・自衛隊の施設整備に係る経費2454億円、艦船建造に係る経費1888億円、合計4343億円について建設公債の発行対象とした。2024年度には5117億円の建設国債の発行を計画していたが、昨年度より774億円増やした。

この国会のチェックが効かない予備費や基金を使った防衛費捻出の手法は、「国の財政を処理する権限は、国会の議決に基いて、これを行使しなければならない」という日本国憲法83条に完全に違反している。それは国家による「裏金作り」であり、赤字国債依存を隠す「マネーロンダリング」と言ってもよく、防衛費膨張の歯止めを失わせる「新しい戦前」状況を作り出しているのである。

第3節　円安インフレと防衛費膨張の悪循環

恒久的税源なき防衛費膨張

すでに理論的に完全に破綻しているリフレ派（インフレターゲット論）やMMT（現代貨幣理論）は、金融緩和論を「正当化」するために、財務省は増税を狙っているという「陰謀」論を流布する。ところが、実際には森友公文書改ざんで権威を完全に失墜した財務省は、いまやインフレ課税路線をとっている。インフレ課税とは、インフレを容認することで、インフレ率分だけ財政赤字を目減りさせる政策をさす。たとえば、インフレが10％あったとすると、1000兆円の財政赤字の実質価値は900兆円に目減りする。これは同時に、一般国民が持つ国債を含む資産にインフレ分だけ課税することを意味する。そのうえでインフレによって消費税や所得税は税率を上げなくても自然増収になる。恒久的税源もないまま防衛費倍増を支えるために、政府・財務省はこれまで述べてきたようにインフレ課税路線をとりながら、国会のチェックを免れる変則的な「裏金作り」を繰り返している。そのために日銀は金融緩和政策を止められなくなっているのである。

2024年6月には、岸田政権の低支持率のために、インフレによる税の自然増収分を所得税の定額減税に充てた。そのために、防衛費倍増の財源はさらに限られていった。財務省はますます変則的な「裏金作り」で防衛費を捻出することに懸命だが、この先に展望を持っているとは考えられない。大きな障害が2つあるからだ。

ひとつは、前に述べたように、後年度負担で防衛装備品(兵器)を買っているので、半永久的に防衛費が膨張していくからである。前述したように、2023年度予算では後年度負担額は10・7兆円になり、2024年度予算では14・2兆円まで膨らんでいる。5年間で43兆円に防衛費が倍増するとされているが、実は、2028年度以降も16・5兆円の後年度負担(ローン)が残る。結局、5年間で43兆円ではなく60兆円に膨らむ予定なのである。

しかも2024年に入って、これまで例外的に認められていた10年ローンの後年度負担を恒久化する法改正を国会で通過させた。これだと、国会のチェックも効かないまま防衛費の膨張が止まらなくなる。おまけにもう一つの障害は、後で述べるように、大型予算と金融緩和による円安インフレとともに、アメリカ製武器を大量に買う防衛費の膨張が止まらない点である。日銀が金融緩和を止められなくなっている中で、円安インフレと防衛費膨張の間で悪循環が生じているのである。

リフレ派とMMTの理論的破綻

アベノミクスの失敗によって、円安をもたらしており、円安はインフレを昂進させている。もともとアベノミクスは本来「2年で2％の物価上昇率を目標」に「デフレ脱却」を目的にした政策であった。ところが、コンドラチェフ循環の50年周期に当たって、新型コロナウイルスの大流行やロシアのウクライナ侵略、さらにイスラエルによるガザ地区のジェノサイドなどによって、化石燃料や穀物価格の上昇が起き、インフレになった。アベノミクスは物価目標を達成できないまま泥沼のように10年も金融緩和政策を続けたために、出口のないまま金融緩和政策から抜け出られなくなってしまった。そのために、インフレにもかかわらず、物価を上げる大規模財政出動と大規模金融緩和をとらざるをえなくなっている。

日銀が本格的に金利を上げ、金融緩和を止めれば、1000兆円以上の普通国債残高があるので、政府は国債費膨張に直面し、日銀が保有する580兆円もの国債（2024年7月時点）に巨額の「含み損」をもたらす。2023年3月29日の衆議院財務金融委員会において、内田眞一日銀副総裁は金利が2％上がった場合、日銀が保有する国債の含み損が約50兆円になるとの試算を示した。そして本格的に金利を上げれば、日銀の抱える５５０兆円もの当座預金の付利（金利）を引き上げざるを得なくなって日銀は債務超過に陥る可能性が生じる。２０２４年２月８日、奈良県金融経済懇談会において、内田日銀副総裁は急速な利上げはできない、金融緩和は続くと述べている。アベノミクスを無用に長く続けたために、日銀は金融政策の柔軟性を失っているのである。

このような状況の下で、２年８ヵ月物価が上昇してインフレを止められなくなってしまった。２０２２年４月に消費者物価上昇率が２％を超えて以降、24年４月の消費者物価指数は２・２％（生鮮食品を除くコア指数）、総合指数は２・５％上がり、２年間も２％を超えている。２０２２年４月以降、２年間も実質賃金はマイナスを続け、２０２３年度の実質賃金はマイナス２・２％になった。そして２０２４年１〜３月期の実質ＧＤＰは年率換算でマイナス２％（速報値）を記録したが、５割超を占める個人消費は前期比０・７％減で４四半期連続のマイナスとなった。

本来、リフレ派は大規模金融緩和によって人々の物価上昇期待を上げることで消費を増加させるはずだったが、いまや彼らが原因となって個人消費を減退させているのである。リフレ派もＭＭＴも理論的に完全に破綻したと言ってよい。本来なら、リフレ派は金融緩和を止め、MMTは増税に転じなければいけないはずである。だが、政府と日銀は、物価上昇するインフレなのに、デフレ脱却（物価を引き上げる）目的のアベノミクスを継続する支離滅裂な経済政策に陥っているのである。

金融緩和を止められない

植田和男日銀総裁は「物価と賃金の好循環」が起きれば、金融を正常化させるとしばしば言明してきた。だが、いま起きていることは「円安とインフレの悪循環」である。日銀の金融緩和がもたらす円安インフレが大企業と中小企業の間で分断を広げているからである。〈ドル圏〉で取引をしている大企業は円安効果で膨大な利益を上げている。一方で、〈円圏〉で取引している国内の中小零細企業は雇用の約7割を占めているが、円安による輸入原材料の価格高騰を価格に転嫁できずに経営が圧迫され、人手不足にもかかわらず賃上げ余地は狭まっている。2023年春闘では、大企業を含む「連合」集計では平均賃上げ率3・58％だったが、厚労省の集計（毎月勤労統計調査）では、中小企業の平均賃上げ率は2・1％にとどまっている。雇用の約4割を占める非正規雇用者はようやく時給1000円を超えるのが精一杯だった。大企業中心の賃上げ率を見て、メディアは大幅賃上げが実現したと大キャンペーンをはったが、結局、2023年の実質賃金は▲2・5%であった。

連合集計（3733社）による2024年の平均賃上げ率は5・17%になり、従業員300人未満の中小企業（2480社）でも4・66%を記録した。大幅賃上げはあったものの、5月の実質賃金は▲1・4%になった。結局、実質賃金は26ヵ月連続のマイナスだった。2022年半ばの労働組合組織率は16・5%まで落ち込んでおり、むしろ組合に組織されていない中小企業や非正規雇用者の賃金との格差は開くばかりである。日銀が金融緩和を継続しているかぎり円安インフレは止まらず、賃上げ格差が広がり、実質賃金はずっとマイナスが続く。そして植田日銀総裁がいう「物価と賃金の好循環」はなかなか実現しないために、日銀はずっと金融緩和を続けることになる。

円安はいくつかの要因による。ひとつは、日米金利差の大きさである。お金は金利の低いところから高いところへ向かう。円からドルへ資金が流れる。もうひとつは、産業の衰退と貿易赤字の定着である。それはドルの需要を強める。たしかに円安は海外投資をもたらして経常収支の黒字も大きい。しかし、超低金利で産業が衰退している状況の下で、いったん海外投資に向かった資金は日本に帰らず、また海外で再投資しているので、円需要は起きない。にもかかわらず、日銀が金融政策の柔軟性を失って、金利も上げられないために、円安は止まらなくなっているのである。そして円安はインフレをもたらすのである。結局、いま起きていることは「物価と賃金の好循環」ではなく、「円安とインフレの悪循環」なのである。

もう一つの悪循環

さらに、「円安とインフレ」の悪循環は「円安インフレと防衛費膨張」というもう一つの悪循環を引き起こしている。いまや防衛費が財政支出で突出して伸びている。それだけではない。先述したように、安倍政権以降、後年度負担でアメリカ製兵器を爆買いする政策をとってきた。後年度負担であらかじめ購入を予定していたアメリカ製武器の輸入価格は、円安インフレによって当初想定された価格より上昇していくことになる。

前に述べたように、大規模金融緩和を続けて金融政策の柔軟性を失っているが、政府が防衛費倍増のために大型予算を組むと、日銀はますます赤字国債を買う金融緩和政策を止められない。すると、円安によるインフレがもたらされ、円安インフレは防衛装備品（兵器）の調達コストを上昇させ、防衛費を一層膨張させてしまう。実際、２０２４年度当初予算の主な防衛装備品（兵器）の購入価格と、２０１９～22年度の平均価格を比べてみると約1・5倍に膨張している。このまま防衛装備品の値上がりが続けば、さらに財政赤字を膨張させ、日銀はますます金融緩和を止められなくなる、というように「円安インフレと防衛費倍増の悪循環」を引き起こすのである。

こうした状況下で、2024年2月に榊原定征経団連名誉会長を座長にして新たに「防衛力の抜本的強化に関する有識者会議」が防衛省に設置され、さらなる防衛費増加を唱えている。同会議には政治献金を出して防衛装備の受注額トップ（22年度まで）の三菱重工の宮永俊一会長やリフレ派の元日銀副総裁の若田部昌澄も加わった。いまやリフレ派は防衛費膨張を支える役割を担わされている。その一方で、岸田政権は閣議決定だけで、英伊と共同開発した次期戦闘機を第三国に輸出することを決め、さらに自衛隊の武器を製造企業との長期契約（10年ローン）でまとめ買いできる時限法を恒久化する改正案を国会で成立させてしまった。ますます国会のチェックが効かなくなり、財政民主主義が失われている。

裏金作りが健康保険にも及ぶ

「裏金作り」は防衛費の問題だけでは終わらなくなっている。岸田政権は内閣支持率が非常に低く、突出した防衛費のほんの一部を賄うだけの防衛増税でさえ実行できない。そのために政府・財務省は、際限ない防衛費倍増政策を賄うために国家による「裏金作り」に走っている。そのせいで、他の政策、とくに「異次元の少子化対策」も税ではなく、極めて変則的な「裏金作り」に向かっている。その結果、これまで国民の医療への平等なアクセスを保障してきた国民皆保険制度まで壊し出している。政府は、「増税」であることを隠すために、子育て支援金の負担を公的な健康保険の保険料に求めているからである。本来、医療を共同で支えるために作られている健康保険に、まったく別の政策目的で保険料を負担させる政策は極めて問題が多い。

というのは、健康保険制度は、すでに高齢化の影響で赤字が恒常化しつつあるからである。約１４００もの大企業中心の組合健保でさえ、23年度は５６２３億円の赤字、２０２４年度には６５７８億円の赤字が見込まれている。後期高齢者医療制度への支援金負担が重しになっているためである。このままでは保険料引き上げを余儀なくされる可能性が高い。とても子育て支援金まで負担するゆとりなどないはずである。

しかも、健康保険制度は職業別に制度が分立しており、負担率がばらばらで公平性に著しく欠けている。たとえば、１人当たりの負担額で見ると、大企業の組合健保（健康保険組合）は月５００円に対して、中小企業の協会けんぽは月４５０円、公務員や教員の共済組合は月600円、自営業や農業や非正規雇用の国民健康保険は月400円、後期高齢者医療制度は月350円になっている。保険制度ごとに負担率のばらつきが大きい。

さらに、所得に応じて保険料増額の負担率が異なる。たとえば、後期高齢者医療制度の加入者で年収300万円の層では月750円になる一方、組合健保の加入者では年収400万円でも650円と後期高齢者より低くなるケースが出るなど、所得を基準にして負担額を見ると一貫性にまったく欠けている。「税」という形を避けた結果、極めて不平等な負担が生じているのである。しかも、子ども支援金の負担は、医療保険料ではなく、窓口負担と同じく「国民負担率」には含まれない。したがって、それは増税ではないという「理屈」である。まさに「裏金」と同じく極めて変則的な「国民負担」が作り出されたのである。

おまけに政府は、2024年の12月に、マイナ保険証を強制するために紙の保険証を廃止しようとしている。24年の6月段階でも9・9%台のマイナ保険証の利用率が急速に高まるとは考えにくい。この状況の下で、顔認証ができない、負担率を間違えるなど数々のトラブルを抱える欠陥だらけのプラスチックカードを強制することによって、健康保険を制度的に壊そうとしていると考えざるをえない。

安倍政権から岸田政権まで、このように大企業と中小零細企業、ドル圏と円圏、正規雇用と非正規雇用など大きな格差が生じているにもかかわらず、所得税や法人税を通じて所得再分配を強化する動きはない。むしろ逆である。消費税増税は基礎年金の3分の1を補填するのに使われたが、社会保障には使われず、法人税の減税にあてられていった。しかもその結果、大企業は内部留保の累積傾向が生じたが、研究開発投資や労働分配率の向上にあてられず、自社株買いなど株主還元に使われてしまった。

その一方で、国際競争力が低下する旧来型の重化学工業を救済するために、岸田政権は防衛費倍増政策をとった。そのために憲法改正を急いでいる。ところが、インフレになっても、政府・財務省は物価を上げるアベノミクスの政策破綻から抜け出られなくなり、前に述べたように増税をせず、事実上「インフレ課税」路線をとっている。そのために、「円安インフレと防衛費膨張の悪循環」をもたらしている。岸田政権は防衛費倍増政策への批判をかわすために、「異次元の少子化対策」を打ち出した。ところが、またも「国民負担」隠しのために、医療とはまったく関係ない子育て支援金を健康保険料に上乗せした。変則的な「裏金作り」は延々と続いている。マイナ保険証を含めたこうした政策によって誰もが医療に平等にアクセスできることを保障してきた国民皆保険制度が壊れてしまえば、日本の格差は救えないレベルに達するだろう。

第4節　投機マネーに狙われる国

円安バブル

新型コロナウイルスの世界的流行とともに、一斉に金融緩和が行われ、世界的に「投機的」なマネーがあふれている。「裏金国家」日本は、投機筋にもてあそばれる国になった。アベノミクスはインフレ下で政策的に完全に破綻した。アベノミクスは10年も続けたために深みにはまり、もはや抜け出られなくなっている。世界的金融緩和によって生み出された投機マネーにその弱点を突かれて、日本経済は投機の対象になり果てているのである。2023年後半以降、起きてきた円安バブルもその一つである。

2024年3月4日、日経平均株価は、史上初の4万円台に乗った。約34年ぶりの株高である。だが、34年前の1989年末は、バブル経済絶頂期で、ジャパン・アズ・ナンバーワンと言われた日本経済の「黄金時代」であった。この頃は、日本製品の国際競争力が強く、日米半導体協定に示されるように、日米間で激しい貿易摩擦問題が生じていた。そして1985年のプラザ合意以降は、急激に円高が続いている時代でもあった。1ドル＝

235円だった為替レートが、1990年10月には1ドル＝130円台を割るほど急速な円高になっており、それでも当時の日本は貿易黒字を記録していた。

案の定、急速な株高を修正するように、2024年8月2日には日経平均株価は2216円下落。8月5日には実に4451円という史上最大の落ち幅を記録した。その直後の翌日に3217円の史上最高の値上げ幅で3万4675円をつけた。この株価の乱高下は、財務省が4月29日、5月1日、7月11～12日を中心に合計15兆円を超える円買いドル売りの為替介入を行い、7月31日に日銀政策金利を0・25％引き上げたことがきっかけとなった。円は一時1ドル＝141円まで上がった。この円と株価の乱高下を主導したのは先物取引を儲けの対象として、コンピュータで高速取引をするCTA（商品投資顧問業者）であった。ちなみにCTAは商品先物だけでなく、通貨や株価指数連動先物など広範な金融先物商品にも投資している。

では、なぜこれまで株高や不動産価格の高騰が発生してきたのか。まず円安は〈ドル圏〉で取引する大企業の決算を通常以上に膨らませ、それが株高を生んだ。同時に円安は、外国人投資家にとって、日本株や日本の不動産を割安にし、外国人投資家の株投資、マンション投資を増加させた。円安だと外国からの旅費が割安になってインバウンド（外国人観光客）が増えるのと同じである。

そこに、新型コロナウイルスの世界的流行に際して、世界中で大規模な金融緩和策がとられたために、世界中に金余りが生じた。その中で、2023年夏になると、中国の不動産バブル崩壊が深刻化し、中国の株式市場が下落を始め、米中の貿易摩擦で中国の対米輸出が激減するとともに中国への投資が減ってきた。その結果、余ったカネが円安の日本に向かって流れ込んできたのである。株投資だけではない。日本の大都市圏のタワーマンションは中国人投資家を惹きつけている。

それに加えて、政府や日銀が株価を支える政策をとっていることがある。株価支持のために日銀によるETF（指数連動型上場投資信託受益権）の購入があったが、岸田政権は株関連投資に関して1800万円の非課税枠を設けた新NISAを設けて、株価を引き上げようとしている。これは明らかに金持ち優遇政策である。2022年の総務省の「家計調査報告」によれば、2人以上の世帯の平均貯蓄残高は1901万円で、3分の2の世帯はそれ以下の貯蓄額しか持っていない。非課税枠を1800万円に飛躍的に拡大する新NISAは、3分の1の世帯を対象にした「中高所得層」優遇政策なのである。それは、当初、金融所得課税の「1億円の壁」を超えて増税すべきとしていた岸田政権の分配重視の「新しい資本主義」とは全く正反対の政策であり、人為的にバブルを作り出して格差を拡大する政策である。

しかしひどい円安は、日本人富裕層には外貨へ投資させ、それが一層の円安を招くという資金の流れがある一方で、外国人投資家には日本の株や不動産への投資を増やすという逆の資金の流れをも生む。いまの日本はアベノミクスの失敗の結果、この2つの正反対の資金循環が同時に成り立つ、不思議な構造が生まれている。それは2024年8月2日、5日の株のパニック売りを引き起こしたように、日本経済の体力が著しく弱まっているがゆえに、きわめて投機的で脆い構造になっている。

投機の対象になる国

「裏金国家」日本は円安バブルだけでなく、円や長期金利でも、投機筋にもてあそばれる国になった。経済衰退がじわじわ進んでいるが、GDP比2・5倍もの財政赤字を日銀の超低金利で支えないともたない。たしかに、アメリカのFRB（連邦準備制度理事会）の利下げが予定されている。他方、財務省は恒久的な税源がないまま防衛費倍増政策を続けており、この間、日銀はなかなか利上げもできず、7月31日に0・25％利上げするのが精一杯で、なおも日米金利差は5％近く開いている。日銀はなかなか金融緩和を止められずに金融政策の柔軟性を失っている。

この間の為替レートの推移を見ると、「投機筋」は政府や日銀の足下を見透かして動いていた。口先介入で利上げを打ち出すたびに、逆に円安に向かっているからだ。実際、マイナス金利解除とともに1ドル＝150円を突破し、植田和男日銀総裁が国会で「利上げがある」と口先介入発言をしたあと、岸田文雄首相が訪米したとたんに、円安は1ドル＝154円まで進んだ。4月26日の日銀の金融政策決定会合では利上げはなく、金融緩和継続を決めたことが分かると、為替レートは1ドル＝155円台を突破して円安が進行し、ついに4月29日には一時1ドル＝160円台をつけた。わずか3日で5円も円安が進行し、1ヵ月で9円も円安になったのである。

このまま行けば、同じく金融緩和を進めたトルコと同じく、自国通貨が投げ売りされ、猛烈なインフレに陥ってしまう事態が発生しかねない。慌てた財務省が具体的目標も展望もないまま4月29日と5月2日の2回を含めておよそ9・7兆円規模とされる円買いドル売り介入を行ったとされる。

2022年9〜10月、神田前財務官は3回の為替介入を行った際、「介入原資は無限にある」

という嘘をついたことも知られている。外国為替資金特別会計（外為特会）は9兆円を失ったうえに、元の木阿弥になった。今回も外為特会で使えるドル預金は24兆円。1回の介入が3兆円だとすると、8回分である。さらに、外為特会から3・1兆円を防衛力強化資金に繰り入れることになっているので、もはや大規模な為替介入を行う余力を失っている。

もし、外為特会のアメリカ国債を売って為替介入すれば、アメリカ金融機関に損害を与え、アメリカの長期金利に影響を与えるので、アメリカとの摩擦は避けられない。財務省はもはや大規模な介入はできない。長期戦は難しく、一時しのぎにすぎないことは明らかである。

実際、為替介入で一時1ドル＝151円台まで円高に振れたが、2024年の5月の連休明けにはたちまち1ドル＝154円台に戻り、その後もじわじわと円安が進み、6月28日には再び1ドル＝161円を突き破るまで円安が戻っている。そこで、7月11日、12日を中心に5・5兆円の為替介入を行った。7月31日の日銀の追加利上げで、1ドル＝141円台まで円高になったが、2024年8月15日には再び1ドル＝149円台の円安に戻っている。依然としてCTAの動きもあって円も株価も不安定で不透明である。

問題は円安だけではない。長期金利も日銀上限の1％にじわじわ上がっている。そして

5月24日には長期金利（10年物の国債金利）が1・005％と日銀の誘導金利1％を上回った。通常では起こらないことが起きている。それは、本来リスクを回避する先物取引を儲けの対象とするCTAの性格から生じる。CTAは、トレンド（変化率）を儲けの対象とするために、本来の経済法則とは関係なく動き、未来への予想や期待（場合によってはフェイク情報）で動き、変化率が大きいほど儲かる仕掛けになっている。たとえば、円安でありながら、同時に国債売り（長期金利上昇）も起こりうる点、そして産業が衰退し貿易赤字で円安になっているのに株価が上昇する点などから政府・日銀の財政金融政策の破綻の深刻さをうかがうことができる。にもかかわらず、財務省は根本的な方向転換をとろうとしていない。先に述べたインフレ課税路線をとっていると言わざるをえない。

トラス政権の二の舞いに

日銀は深刻なジレンマに直面している。日銀は公式にはイールドカーブ・コントロールという長期金利のコントロールを止めているが、長期金利が1％の上限金利を上回った時、円安を緩和するために、誘導金利を引き上げる場合は国債費が増加し財政運営を困難にしていく。他方、財政運営を守るために、日銀が誘導金利を死守して国債買い入れを続けれ

図5 2024年度予算の歳入内訳

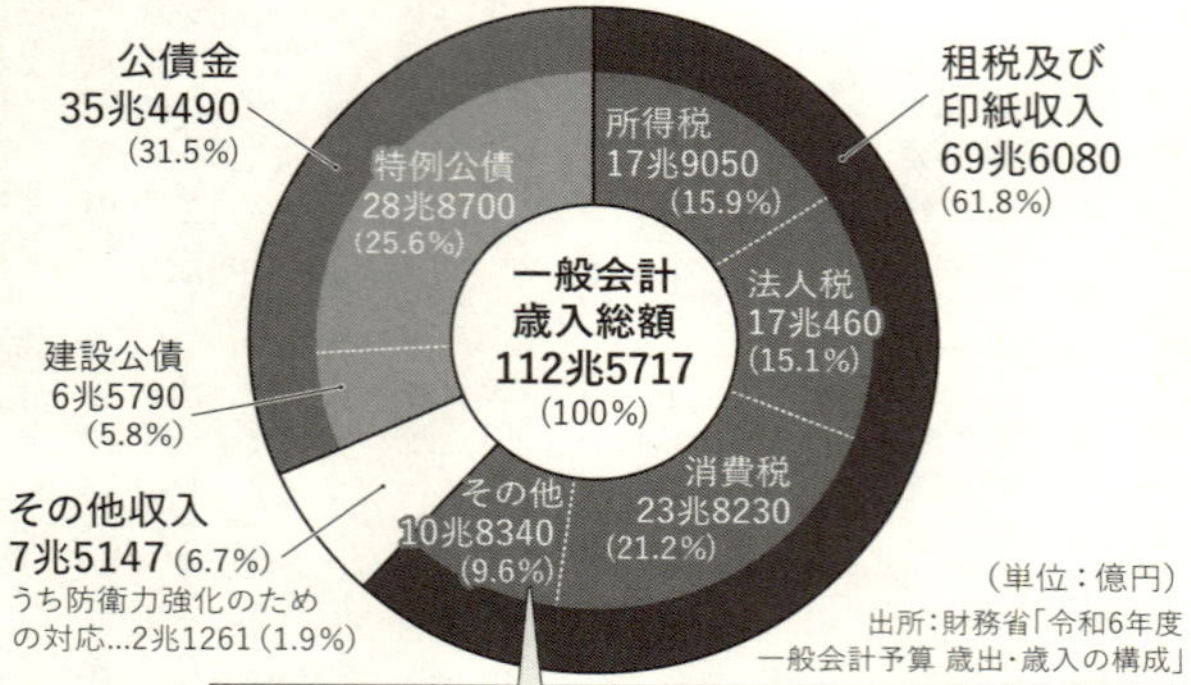

出所:財務省「令和6年度一般会計予算 歳出・歳入の構成」

•相続税……3兆2920 (2.9%)	•石油石炭税……6060 (0.5%)
•揮発油税……2兆180 (1.8%)	•自動車重量税……4020 (0.4%)
•酒税……1兆2090 (1.1%)	•電源開発促進税……3110 (0.3%)
•たばこ税……9480 (0.8%)	•その他の税収……890 (0.1%)
•関税……9170 (0.8%)	•印紙収入……1兆420 (0.9%)

ば、ファンドにとってこれほど容易に儲ける機会はない。ファンドは日本国債を空売りしたり、先物を売ったりして莫大な儲けを得るだろう。日銀が国債買いを半永久的に続ければ、ますます出口なき泥沼に陥り、円安インフレが進んでいく。

リフレ派やMMTの政策破綻は明らかだが、ほとんどが沈黙を保つようになっており、まだ発言をしているのは髙橋洋一と森永卓郎らである。彼らは消費税減税を主張する。しかし、アベノミクスによって日本経済の体力が弱まり、投機マネーの攻撃対象となっている現実を無視している。

図5を見れば、明らかなように消費税

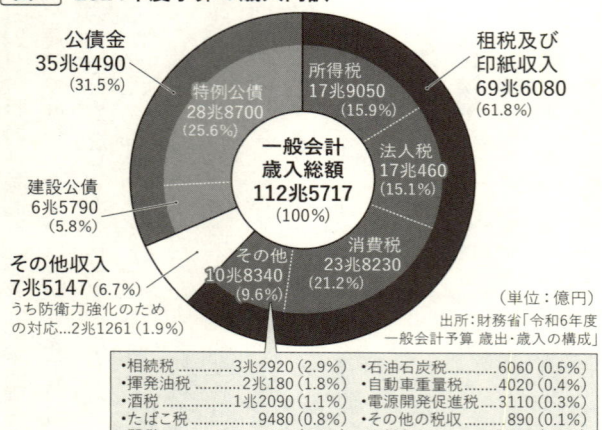

は約24兆円の税収を持ち歳入の21％を占めている。これをなくして赤字国債でまかなえば、もとの国債依存度が31・5％なので、半分以上を国債で賄わなければならなくなる。2022年9～10月にかけて、アベノミクスと同じく大型減税を打ち出したイギリスのトラス政権が、ポンドと国債の投げ売りにあって、わずか44日で政権交代したのと同じ事態に陥るだろう。髙橋洋一は「1ドル＝300円でも誰も文句を言わない」と発言したが、あまりに現実を無視した主張は無責任すぎて、経済危機にある日本を滅ぼす主張以外の何物でもない。

もちろん、これらの政策破綻の根底には、アベノミクスの負の遺産が非常に重たくのしかかっている。「円安とインフレの悪循環」の奥底にもう一つの悪循環が隠されているからである。忖度メディアによってタブーとされているが、それは「防衛費と円安インフレの悪循環」である。主流経済学は現実の説明力を失っているが、アベノミクスを支えてきたリフレ派もMMTも、均衡財政派か積極財政派かという主流経済学の無意味な二分法に乗っかりながら、「インフレ課税」路線をとる財務省を不問に付して、彼らは防衛費膨張政策を批判しようともしない。彼らは犯罪的な役割を果たしており、この悪循環に歯止めがきかないかぎり、どちらにしても一時的な措置で、安定的な状態になるわけではない。

第5節　ずるずるとした滅び

無思想・無責任な権力亡者の怖さ

国が破滅に追い込まれるのはどういうケースだろうか。多くの人々は、ヒトラーのような独裁者が現れて専横を尽くす経路を想像しがちだ。だが、岸田首相は三代目の世襲政治家として、権力を維持できるなら何でもする現世利益の権化で、一見するとヒトラーとは対極にいるように見える。岸田首相は自民党の内輪の事情を何より優先しており、自らの行為が日本の民主主義社会にとってどういう意味があるかは二の次である。

だが、それはヒトラーとは全く違う怖さがある。党内事情で自分の権力の維持にとって有利になると思えば、安倍元首相でさえ、まずいと思ってやらなかったことを平気で実行してしまう。安倍元首相は一応世論や支持率を気にして動くが、岸田首相は、国内の支持率が低かろうが、自分が生きのびるために自民党内の内輪の事情しか考えない。

たとえば、彼は、もともとはどちらかと言えば平和憲法を尊重する保守リベラルの立場をとる宏池会を率いていたが、安倍派が反対できなくなるとなれば、平気でアメリカも要求していない防衛費増強を言い出す。前に述べたように、自らがアメリカに乗り込んで、2024年4月の日米首脳会談で出された日米共同声明では、自衛隊は新たな統合作戦司令部を設立し、米軍との作戦及び能力の「シームレスな統合」によって自衛隊と米軍の一体化を図ることを「グローバルなパートナーシップ」と呼んだ。

一体、自衛隊はインド太平洋における米軍の作戦の下請けとして、どこまで武力行使を行うのか。新聞も当初は提灯記事を書いていたが、さすがに、これでいいのだろうかと言い始めた。国会において、野党から「軍事的手段も辞さない覚悟で責任を担うのか」と詰め寄られても、「これまでと変わりがありません」と答えるだけである。どう見ても、日米軍事協力が相当に進んでいるのに真面目に答えない。はぐらかす答弁手法を世襲議員として身につけたのかもしれないが、おそらく問われていることの意味をきちんと理解できず、答える能力が非常に低いと言わざるをえない。

本来の民主主義国家ならば、95人もの裏金議員を抱え、支持率20％前後しかない政権が、国会の十分な審議もないまま、平和憲法を事実上空文化する「約束」を交わしてもよいのだろうかと考えるはずだが、こうした懸念をまったく無視する。いくら支持率が低かろうが、ひたすら権力にしがみつく。岸田文雄という三代目世襲政治家を首相にしていることの怖さは、この無思想・無責任さにある。実際、彼は三代目世襲政治家なので、自民党内の内輪の事情だけを優先する。岸田首相のアメリカでの満面の笑みを見ると、あとは首相であり続けていたいだけで、それが最大の目的になる。結局、今だけ、自分だけで、彼は自分が言ったことやしたことが後々日本の国や社会にどのような意味を持つかは全く考えないのである。

もっとひどいカタストロフが待つ

こんな世の中はいっそ早く壊れた方がよいという意見もある。だが、カタストロフを待っているだけだと、もっとひどいカタストロフがやってくる。第一次世界大戦で敗れたドイツは、結局、経済不況に直面してナチスを登場させた。カタストロフは必死に防ぐために努力して、ようやく食い止められるものなのだ。

自民党の世襲政治家のレベルは恐ろしく低い。２０１３年に三代目世襲政治家の麻生太郎副総理が「ナチスを真似ろ」と言っても、欧州であったら政治生命は終わったはずだが、何のおとがめもなかった。その後、２０１７年6月29日、リフレ派の日銀審議委員の原田泰が「ヒトラーが正しい財政・金融政策をやらなければ、一時的に政権を取ったかもしれないが、国民はヒトラーの言うことをそれ以上、聞かなかっただろう。彼が正しい財政・金融政策をしてしまったことによって、なおさら悲劇が起きた。ヒトラーより前の人が、正しい政策を取るべきだった」と語った。だが、先述したように、安倍政権は後年度負担を使って防衛力強化政策を着々と進めてきた。事実上、原田は安倍の軍備拡張政策を隠蔽した。そして2024年2月に「防衛力の抜本的強化に関する有識者会議」が防衛省に設置され、リフレ派の元日銀副総裁の若田部昌澄も加わっている。いまやリフレ派は公然と防衛費膨張を支える役割を担っている。

ナチスは積極財政でアウトバーンを建設して若者の雇用を増やしたと大宣伝したが、その影で軍備拡張をやっていたことは知られている。彼らは防衛費膨張政策に口をふさぎながら、アベノミクスを支えてきたリフレ派もMMTも同じ役割を果たしている。前にも述べたように、均衡財政派か積極財政派かという主流経済学の無意味な二分法に乗っかりながら、防衛費膨張政策を黙認させるのである。実際、大規模予算を組み、大規模金融緩和を打ち出して、デフレ脱却で経済を活性化するのだと言う裏側で、後年度負担の5年ローンでじわじわ防衛費を増やして、どうしようもなくなって、ロシアのウクライナ侵略を背景に台湾有事を煽って、一気にGDPの2%に倍増することを決めたが、恒久的税源なしに国家的な「裏金作り」をなし崩しに強行していく。防衛費膨張を抑える者たちを「均衡財政派」と批判し、財務省の「インフレ課税」路線を黙認しながら、彼ら自身は防衛費膨張政策を一切批判しないのだ。問われているのは、レジーム（体制）の選択なのであって、もはや通用しない教科書的な二分法ではないのだ。

岸田首相は日米共同声明の「約束」を背景にして、今度は憲法改正を急ぐ。円安インフレに依存して儲けを膨らませながら、先端技術についていけずに産業衰退がひどくなっている経団連企業は軍備拡張で儲けて生きのびようとしている。ただ違いは、推進役はヒトラーみたいなアジテーターではなく、無思想・無責任な権力亡者の世襲政治家が同じ道に突っ込んでいる点である。

世界中はきな臭い。このまま岸田に首相を続けさせると、いつ戦争にずるずると巻き込まれてもおかしくないと思えてくる。それが低支持率を克服する最も安直な道だからだが、岸田政権は憲法改正を急いでおり、なし崩しの軍事国家を避けられるだろうか。岸田政権が、もはや戦争か戦争に近い緊張状態を作るしかないと考える前に、引きずり下ろすことが日本の未来を救うために喫緊の課題となっている。

問題は、防衛費膨張の問題だけではない。遅れた重化学工業の救済のために、過去の重大な過失を不問に付すという点で、柏崎刈羽原発の動きも同じである。そもそも重大事故を起こした経営者が責任を一切とっておらず、避難計画もなく、住民投票も行おうとしていないにもかかわらず、新潟の柏崎刈羽原発7号機の原子炉に核燃料を装着させた。しかも早速トラブルが起きたが、なお原因不明なままである。どう見ても、東京電力に原発を運転させることはひき逃げ犯に免許証を与えて運転させるようなものである。第二次世界大戦の敗戦過程と似て、民主主義が完全に壊れ始めている。三代目世襲政治家と裏金国家を生み出した点で、日本の政治と経済には未来はありえない。こういう人を首相にしてはいけないのである。

第4章

裏金国家の経済政策

——仲間内資本主義日本

第1節　プーチン型権力を目指す

「同じ未来を見ている」

この章では、「表」に出た企業団体献金を中心に、経済政策にどのような歪みを与えているのかという問題を考えてみよう。第1章から第3章では安倍政権が作ろうとしてきた「2015年体制」の特質を明らかにしてきたが、第4章は、「2015年体制」がどのような経済政策をもたらしたのかに焦点を当てたい。

「2015年体制」はメディアや官僚制や科学者・研究者の自由を奪い、忖度で埋め尽くす支配体制を作り出したが、黒川検事長を検事総長にすることに失敗し未完に終わった。その結果、裏金問題が表面化した。「2015年体制」は小選挙区制度の下、世襲議員を軸にして裏金を地方議員にばらまきながら「利益共同体」で地域利益を独占する仕組みを基盤にしていたことを明らかにした。そして、この裏金作りは官僚たちにも及び、アベノミクスの下で防衛費膨張の財源を捻出する特異な仕組みを作り出した。

だが、そのコアには、企業献金を出す経団連企業が政権政党と結びついて、その利益を優先した経済政策を実行する仕組みが存在している。それは、1997年の金融危機の対処に失敗し、国際競争力が著しく低下してきた失敗大企業が生きのびていく仕組みであった。その仕組みは、安倍元首相が歴史修正主義をとっていたとはいえ、天皇制が象徴制に変わっており、単純な戦前回帰を目指していたとは言いがたい。

どこかに参照する現実モデルがあったのだろうか。安倍首相が具体的に表明していない以上、証明することは難しいが、少なくとも親近感を抱いていたのはロシアのようなレジームだったのではないか。

2019年9月、ウラジオストクを訪れた当時の安倍首相は、プーチン大統領との27回目の首脳会談を終えて、式典の演説で「ウラジーミル（プーチン）、君と僕は同じ未来を見ている。ゴールまでウラジーミル、二人の力で駆けて、駆けて駆け抜けようではありませんか」と語りかけた。社交辞令としては大げさすぎる表現に、安倍元首相の本音が隠されていると考えた方が自然だろう。参照していた事例として「プーチン体制（プーチン型権力体制）」を見て行くと、いくつか共通点が見えてくる。もちろん、違う点もあるので、それは一つの比較するスケール（物差し）にすぎない。

たしかに、安倍政権が作り出した「2015年体制」は、「プーチン体制」と共通点を持っている。まず第1に、プーチン体制の中核には秘密警察官僚がいるが、安倍政権でも公安警察が政権の中枢にいる。首相動静などを見ても、第二次安倍政権で安倍首相が最も頻繁に会っていたのは原子力ムラの今井尚哉（政務秘書官）と公安警察（外事部門）の北村滋であった。そして内閣人事局長には公安警察出身の杉田和博が就き、公務員を監視する体制であった。岸田政権でもこの体制が引き継がれている。岸田首相の政務秘書官は元経産省事務次官で東京電力の社外取締役だった原子力ムラの嶋田隆であり、内閣人事局長は元警察庁長官だった栗生俊一で警察官僚の支配が続いている。もちろん、「プーチン体制」では時々毒殺事件が起きるが、日本ではそこまでは行っていない。とはいえ、メディアに対する圧力によって言論の自由が事実上空洞化している点でも、「2015年体制」はプーチン体制と似ている。

第2に、プーチン型権力体制は秘密警察官僚を軸にして民営化企業に天下り、プーチン政権を支えるオリガルヒ（新興財閥）を形成している。そのうえで、軍事産業を中心にした重化学工業中心の古い産業構造を維持する。日本では、第一次安倍政権の下で、2007年に天下りが復活していたが、第二次安倍政権になって2013年以降、天下りは増えていった。さらに、2014年9月に経団連が政治献金を復活させた。1997年の金融危機と2011年の原発事故に対して、無責任体制で不良債権の本格的処理が行われず、大規模金融緩和で円安を導き、財政拡大で官需に依存して生きのびていこうとする動きが強まっていった。国際競争力が低下していく重化学工業中心の経団連企業は、円安で利益を水増ししながら、防衛産業や原発再稼働やリニア新幹線などの官需依存で生きのびていこうとする。古い「公益企業」の国家プロジェクトで経済を回すので、先端技術産業を衰退させていく。

こうした体制は産業構造としては古臭い重化学工業中心のクローニーキャピタリズム（仲間内資本主義）であるが、その維持のために政治家は違法な裏金を受け取り、政府は予備費を使って、官僚はそこから基金を作り、日本全体が裏金国家になっている。この裏金国家は、政治献金を出す大企業を潤すが、税金を払う大半の国民を貧しくする。そして日本経済を次第に困難に陥れている。

もちろん、ロシアのプーチン体制とは大きな違いが存在している。プーチン体制は石油ガスという化石燃料資源の国家独占という「財源」を持ち、それに伴う独裁体制という面を持っているのに対して、安倍の「2015年体制」は赤字国債に依存するアベノミクスという、やがて破綻する財源調達の仕組みを前提としている点で大きく違う。またロシアは旧ソ連体制での軍事技術の局部肥大症という面を持っている。とくにミサイルやロケット技術は突出した技術力を持っている。ところが、日本の重化学工業（兵器産業も）の技術力は低下しており、アメリカ製武器のライセンス生産に頼って下請け化で生きていこうとしている。同時に自衛隊はアメリカ軍の指揮下に組み込まれてますます独立性を失っている。こうした違いがあるものの、安倍元首相が「ウラジーミル、未来を共有する」と言ったように、権力の基本構造はかなり似通った体制を目指していたと考えられる。

政治献金と天下りによるオリガルヒ経済

安倍政権の下で形成された「日本型オリガルヒ経済」と利権構造はどのように進んだのだろうか。この考察を行うにあたって、裏金は実態解明が不十分なままなので、どうしても「表」に出ている企業の政治献金から経済政策との利害関係をたどっていくしかない。なぜ、そうした考察が意味を持つのか。

日本では、国民1人当たり250円で計算して政党交付金を出しており、自民党は約160億円を受けている。したがって企業団体献金は、本来、禁止されるべきものである。2009年に民主党政権に交代した時に、経団連は政治献金を停止したが、前述したよう

表8　自民党（国民政治協会）への政治献金（企業ランキング）

（単位：円）

順位	企業	2022年	2021年
1	住友化学	5000万	5000万
	トヨタ自動車	5000万	5000万
3	キヤノン	4000万	4000万
4	日産自動車	3700万	3400万
5	日立製作所	3500万	4000万
	野村HLD	3500万	3500万
7	三菱重工業	3300万	3300万
8	大和証券G	3200万	3200万
9	東レ	3000万	3000万
10	パナソニックHLD	2800万	2800万
	伊藤忠商事	2800万	2800万
	丸紅	2800万	2800万
	三井物産	2800万	2800万
	住友商事	2800万	2800万
	三菱商事	2800万	2800万
16	日本製鉄	2700万	2700万
17	ホンダ	2500万	2500万
	ゼンショーHLD	2500万	2200万
19	三菱電機	2000万	2000万
	ソニーG	2000万	-
	日野自動車	2000万	2000万
	三菱UFJFG	2000万	2000万
	三井住友FG	2000万	2000万
	みずほFG	2000万	2000万
	三井不動産	2000万	2000万
	JR東日本	2000万	2000万
	JR東海	2000万	2000万

出所：会社四季報
（2023年11月24日総務省発表）

に、2014年9月に経団連が政治献金を復活させ、政党交付金を除いて、経団連は公式に毎年24億円の政治献金を出している。古くから大手電力会社の役員が政治資金パーティ券を購入していることなど裏金の存在は以前から知られている。ところが、その裏金の実態が解明されていないので一部にすぎないが、表8は企業、表9は業界・政治団体で見た政治献金の多額拠出先である。

非常に巨額の政治献金が企業から自民党に流れているが、当然、企業や団体はそれ相応の見返りがあるから政治献金を出す。実際に、政権党は、政治献金を出した企業や団体に有利になるように政策

表9　自民党（国民政治協会）への政治献金（業界・政治団体ランキング）

		2022年	2021年
1	日本医師連盟	2億円	2億5000万円
2	日本自動車工業会	7800万円	7800万円
3	自由社会を守る国民会議	7700万円	8100万円
	日本電機工業会	7700万円	7700万円
5	日本鉄鋼連盟	6000万円	6000万円
6	石油連盟	5000万円	5000万円
7	不動産協会	4000万円	4000万円
8	プレハブ建築協会	3000万円	3000万円
9	日本鉱業協会	2100万円	2100万円
10	石油化学工業協会	1500万円	1500万円
11	日本商工連盟	1200万円	1200万円
12	日本船主協会	1000万円	1000万円
	日本薬剤師連盟	1000万円	1000万円

出所：会社四季報（2023年11月24日総務省発表）

を誘導している。問題は、国家プロジェクトの多くが日本経済を発展させるというより、どんどん時代遅れになる経団連企業を国が救済する事業になっていることである。

実際、株式時価総額の世界トップ100社を見ると30年前には、多数の日本企業が上位を占めた（「東京新聞」2023年5月27日付）が、いまや日本企業でランキングに入っているのはトヨタ1社になっている。世界では、GAFAM（グーグル、アマゾン、フェイスブック〈現メタ〉、アップル、マイクロソフト）を中心にした情報通信産業や医薬品ヘルスケアや金融が圧倒しており、日本の経団連が時代遅れの産業で構成されていることが分かる。

オリガルヒ経済は、政権党と政治献金を通じて利益を共有する大企業とともに、業界団体や主要企業へ天下る官僚たちが重要な構成員となっている。彼らは世襲議員たちによって人事権を握られ、世襲議員たちに忖度をせねば昇進できなくなっているために、自立的な政策形成能力が非常に劣化しているとはいえ、オリガルヒに都合の良い経済政策を作る部隊となる。安倍政権の下で公文書や統計の改ざんまで担わされたために、志を持った若い官僚たちが辞めていった。その分、国民経済全体の公共的利益より、経団連企業の利益を優先して動くようになっているといえる。もちろん、それゆえ先端産業から遅れ、経済の衰退が加速していることは疑いない。

では官僚（とくに高級官僚）の天下りの実態はどうなっているのだろうか。表10と表11は、内閣官房がまとめた官僚の再就職先の集計である（平成21年度は総務省の数値を含む）。それは出身官庁に届け出があった事例に限られている。とくに問題なのは、防衛省の天下り人数が漏れていることである。いまや防衛費が突出して伸びており、防衛省出身者が三菱重工、ＩＨＩ、ＮＥＣ、日立造船など防衛産業や金融機関に再就職していることは知られており、この部分が欠けているために、現段階でロシア型オリガルヒ経済化がどの程度進

表10 官僚の天下り（官庁別）

	2009年度	2021年度	2022年度
内閣官房	3	5	7
内閣法制局	–	1	1
人事院	6	6	7
内閣府	12	13	16
宮内庁	4	2	3
公正取引委員会	7	6	4
国家公安委員会	29	45	59
個人情報保護委員会	–	–	1
カジノ管理委員会	–	–	–
金融庁	10	49	35
消費者庁	–	2	3
デジタル庁	–	–	–
復興庁	–	4	3
総務省	38	66	83
法務省	108	116	158
外務省	2	5	12
財務省	317	387	390
文部科学省	33	60	55
厚生労働省	160	99	144
農林水産省	67	123	126
経済産業省	84	150	154
国土交通省	283	350	372
環境省	11	19	13
防衛省	–	–	–
会計検査院	10	8	10
府省等計	**1184**	**1516**	**1656**

出所：内閣官房「国家公務員法第106条の25第2項等の規定に基づく国家公務員の再就職状況の公表（平成21年度、令和3年度、令和4年度分）」

表11　官僚の天下り先（機関別）

	2009年度	2021年度	2022年度
国又は地方公共団体の機関	28	76	91
独立行政法人	52	12	27
国立大学法人	−	26	21
特殊法人	47	16	16
認可法人	6	−	3
公益社団法人・財団法人	398	128	161
一般社団法人・財団法人	−	282	309
学校・社会福祉・更生保護法人	78	70	66
その他の非営利法人	132	139	162
営利法人	166	502	548
自営業	237	181	183
その他	40	84	69
合計	1184	1516	1656

出所：内閣官房「国家公務員法第106条の25第2項等の規定に基づく国家公務員の再就職状況の公表（平成21年度、令和3年度、令和4年度分）」

んでいるかを見ることを難しくしている。

それでも分かることはいくつかある。

一つは、民主党政権成立時の2009年度の天下り数は1184人だったのが、最近の2021年度には1516人、2022年度には1656人と1・4倍に増えている（表10参照）。とくに経産省、財務省、農水省、国交省など経済官庁の伸びが高い。

いま一つは、表11に示されているように、天下り先が営利法人つまり企業が圧倒的に増えたことである。2009年度には166社だったのが、2021年度は502社、2022年度は548社になった。10年あまりで、3倍以上に増加しているのである。官僚は業界団体と関連企業との結びつきを非常に強め、もはや「公務員」とは名ばかりの存在に成り果てている。

業界癒着と経済政策の密接な関連性

アベノミクスの最中の2015~16年に大々的に天下りが増えていった。財務省は政府系金融機関（日本政策投資銀行、国際協力銀行、商工中金など）で天下りが完全復活したが、この間の政府の政策に強く関連する業界団体や関連企業から公然と天下っている。そして、この日本型オリガルヒ経済は、国民の利益を無視し自己利益を追求する政策をもたらしてきた。裏金の実態が解明されておらず、全貌はわからないが、表面に出た政治献金や天下りだけでもその一部を窺い知れる。

まず24億円を献金する経団連企業は円安誘導政策や法人税減税で大幅な利益を出している。それ以外にもたとえば、自動車会社はトヨタの5000万円を筆頭に日産自動車やホンダも多額の献金を出し、日本自動車工業会は経産省OBが専務理事・副会長を務め、7800万円の政治献金を出している。政府日銀の円安誘導政策のおかげで、トヨタは2023年度の営業利益は5兆3500億円余りに達した。そのうえ、安倍元首相は「世界一企業が活動しやすい国にする」として、法人税減税を推し進めた。法人税は基本税率だけとっても2012年30％→25・5％、2015年→23・9％、2016年→23・4％、2018年→23・2％と引き下げ続けている。消費税増税分は基礎年金の3分の1に充当する以外は社会保障に使われなくなった。その一方で、円安インフレは中小企業や非正規雇用者を苦しめ、社会保障削減で犠牲を与えている。

ガソリン価格高騰に対して給付された石油元売り補助金もそうである。経産省官僚が、業界団体はいうまでもなく東京電力社外取締役、東京ガスなどへと天下っている。経産省が天下った石油連盟が毎年5000万円の政治献金を出している。その結果、ガソリン価格高騰への対策は燃料税の一時的引き下げが国際的常識だが、日本の場合、石油元売り企業に対して原油の価格変動リスクをすべて国が負担させる特異な政策をとっていた。最大の石油元売り企業のENEOSHDは大きな利益を獲得している。在庫評価益を除いた表向きの営業利益だけで見ても、2022年度の営業利益が2813億円で、自社株買いが約1000億円だった。2023年度の営業利益は4649億円になっている。

電気・ガス料金補助金によって電力会社は史上最高益を出したが、60年を超えた原発運転などのエネルギー政策についても、長期間にわたる政治献金を通じた自民党とのつながり、経産官僚の東京電力などへの天下りが背景にある。福島第一原発事故以降、表からの政治献金は目立たなくなったが、盆暮れに首相に1000万円の献金、電気事業連合会を窓口にしたパーティ券購入などが行われていることは報道されている。今日では、日本電機工業会7700万円もあるが、2020年には日本原子力産業協会に東京電力など電力各社が2・1兆円を出し、同協会の会員企業（日立製作所、三菱重工、日本製鉄、JFEスチール、大手ゼネコン、大手商社など関連企業）から6億3500万円の献金が自民党の「国民政治協会」に供給されていた（2021年12月27日付「しんぶん赤旗」）。

防衛費倍増政策も、円安インフレでさらに兵器の価格が上昇しているために、防衛省が「防衛力の抜本的強化に関する有識者会議」を組織して、さらに防衛費を増加させようとしている。前にも述べたように、「有識者会議」のメンバーには三菱重工の宮永俊一会長が加わっている。三菱重工は自民党に毎年3300万円の政治献金（3年間で1億円弱）を出しながら、2013~23年度の契約額は計4兆2000億円。三菱重工の装備品契約額の順位は22年度まで7年連続でトップになっている。明らかに利益相反である。

同じく巨大国家プロジェクトのリニア新幹線も、JR東海がJR東日本と並んで2000万円の政治献金を出している。国交省は高速道路会社、関空から旅行サービス関連団体に天下っており、ＧｏＴｏトラベルに積極的に支出している。

マイナンバーカードおよびマイナ保険証は、総務省官僚がその政策を担っている業界団体Ｊ－ＬＩＳ（地方公共団体情報システム機構）にも天下り、Ｊ－ＬＩＳを構成するＮＴＴグループや富士通、日立製作所、ＮＥＣなどの企業へも天下っている。しかもＪ－ＬＩＳを構成するこれら企業は9年間で約7億円の政治献金を自民党に出している（２０２３年10月9日付「しんぶん赤旗」）。こうして見れば、自公政権が行っている主な経済政策は、政官財のトライアングルが基盤になっていることが分かる。多額の企業献金を出した企業に向けて、自民党がその利益を優先した経済政策を実行し、天下り官僚がそれを媒介し、アベノミクスが支える仕組みができあがっていった。これが、政権党を軸にした利益の結びつきからできている縁故資本主義と、メディア抑圧体制からできている「２０１５年体制」のコアなのである。

第2節　リフレ派とMMTが日本経済を滅ぼす

円安誘導政策の泥沼

「2015年体制」は、政治献金と官僚天下りが復活して形成された日本型オリガルヒ経済という点では共通している。しかし、プーチン体制は、石油ガスの化石燃料資源という軍事費の「財布」を持っているが、安倍政権はアベノミクスで赤字国債に永遠に依存しなければならない点が根本的に違っている。そして、アベノミクスという根本的に間違った政策に依存したがゆえに、日本経済の衰退をもたらした。それは、ついには円安インフレをもたらして継続的に実質賃金を低下させ、ドル圏と円圏の格差を広げていった。財政金融政策を麻痺させ、日本の円や国債や株が投機筋の餌食になる一方、先端産業を生み出さず、貿易赤字を定着させてきた。結果がすべてを示している。

第3章第3節で述べたように、「2015年体制」の金庫であるアベノミクスを支えたリフレ派とMMTはいまや理論的にも政策的にも完全に破綻している。安倍政権によって失われたものは極めて大きい。メディアの批判能力が機能しなくなると、取り返しがつかないくらい衰退が進んでしまった。いま一度リフレ派やMMTの理論的破綻に関して簡単に再確認しておこう。

リフレ派とMMTによって10年間も大型予算・金融緩和を続けてきたが、「2年で2%」という物価目標を達成できず、デフレ脱却はできなかった。ところが、新型コロナウイルスの世界的流行でサプライチェーンが断ち切られ、ロシアのウクライナ侵略によって今度は一転してインフレになった。インフレなのに物価を上昇させる「デフレ脱却」の枠組みを続け、円安インフレをもたらすという支離滅裂な状態に陥ってしまった。

もともとリフレ派はインフレターゲット論に基づいて、中央銀行が「2年で2%」の物価目標を約束することで、人々のインフレ期待を高めれば、消費が増えていくはずだと主張してきた。ところが、「2年で2%」は達成できないまま10年間も金融緩和を続けた結果、日銀は「出口のないねずみ講」の状態に陥って、金融政策の柔軟性を失ってしまった。いまや消費者物価上昇率が2年以上も2%を超え、実質賃金も2年以上マイナスを続けている。いまやリフレ派やMMTのせいで、円安インフレをもたらして1年間も個人消費をマイナスにして、経済成長率を押し下げている。

しかも彼らがもたらした円安インフレは、国際競争力が落ちている経団連企業にも未曾有の利益をもたらす一方で、中小企業者、農業者、非正規雇用をインフレで苦しめている。とくに低所得者ほど、雇用が不利な者ほど賃上げ率は低く、格差がひどい。さらに金融緩和でバブルを煽るので、資産を持つ者と持たない者の格差が一層開いていく。しかし、防衛費倍増で少子化対策を含めた社会保障費にお金が回らなくなっている。

他の諸国はインフレに対処するために中央銀行が金利を引き上げている。ところが、日銀は10年間もアベノミクスを続けたために金利を上げられず、金融緩和を止められず、「出口のないねずみ講」の状態になってしまった。1000兆円を超える長期国債残高があるために、金利を引き上げれば、政府は国債費を膨張させてしまう。2023年1月に財務省が示した試算では、金利が1%上昇すると、3年後の国債費が3・6兆円も増え、金利が2%上昇すると7・3兆円も増える。それは、消費税3%分に相当する。この数字は2024年3月19日のマイナス金利解除以前のものなので不正確だが、それより増える可能性がある。もちろん、金利が相対的に低い短期債の発行を頻繁に繰り返せば、当面はしのげるが、長期的には極めて不安定な財政運営を強いられていく。

つぎに、日銀が金融緩和を止めたとたん、国債価格が下落して金利が上昇し、日銀が抱える国債に巨額の含み損を発生させる。2024年3月末時点で日銀保有国債の評価損

（含み損）は9兆4337億円で過去最大になった。2023年3月29日の衆議院財務金融委員会において、内田眞一日銀副総裁は金利が2％上がった場合、日銀が保有する国債の含み損が約50兆円になるとの試算を示した。

金利を引き上げた場合、何が起きるだろうか。日銀のバランスシートを考えてみよう。「資産」側で見ると、持っている国債の価格が下落して含み損が出て売れなくなる。一方で、日銀が持つ株が円安バブルで含み益が膨らんでいるために、国債の含み損をカバーしている円安バブルが利上げとともに崩壊すると、一気に「資産」の側で損失が膨らんでしまうだろう。

つぎに「負債」の側で見ると、やがて本格的に金利を引き上げていくと、当座預金の金利払いを増やしていかざるをえなくなる。アメリカの中央銀行FRB（連邦準備制度理事会）は利上げの結果、金融機関の準備預金の金利払いで2023年はバランスシートが赤字化している。金利を正常化する出口戦略をとると、資産・負債ともに損失が膨らみ、日銀のバランスシートが崩れてしまう。結局、日銀は金融緩和から抜け出られず、円安インフレで円の価値がなくなり、多くの人々が貧しくなり、格差が異様に膨らんでいかざるをえないのである。

しかし、岸田政権は、衰退した重化学工業を担う経団連企業を救うために、防衛費倍増政策を推進する。そのために、日銀はますます金融緩和政策から抜け出られなくなっていく。前述したように、２０２３年度の後年度負担は10・7兆円（新規分は7兆円）。２０２４年度の後年度負担は14・2兆円に膨らんでいる。しかも第3章第2節で述べたように、岸田政権は防衛増税を先送りしながら、予備費や基金といった国家の「裏金作り」に励んでいる。予備費を余らせて「決算剰余金」、基金を余らせて「歳出改革」によって防衛費をひねり出す。しかし、これは、元をただせば赤字国債であり、大規模予算と日銀の金融緩和を続けていくことで円安インフレを促進することになる。そして円安インフレは兵器（防衛装備品）の価格を上昇させて防衛費をさらに膨張させる。つまり「円安インフレと防衛費膨張の悪循環」をもたらし、ますます金融緩和から抜け出られなくする。第3章第4節で述べたように、この弱点が投機マネーに狙い撃ちされるようになっている。

投機のターゲットになる

新型コロナウイルスの世界的流行を契機に行われた大規模な金融緩和で生まれた金余りを背景に、投機マネーがうごめくようになっている。円安、経済衰退の中で異常な株価上昇、じわじわ上がる長期金利というように、為替レート、株価、長期金利が互いに通常とは違った動き方をするようになっている。

まず為替レートが急激な円安へ動いた。2021年1月1日は1ドル＝103円だったのが、2024年4月26日には1ドル＝160円台に円安が進んだ。これに対して、9・7兆円に及ぶ2回目の円買いドル売りの為替介入が行われたが、6月24日には再び1ドル＝159円台後半まで円安が進んで元の木阿弥になった。また7月11日と12日に約5・5兆円の為替介入が行われたが、7月18日には再び1ドル＝158円台に戻っている。

円安の背景としては、ひとつは日米の金利差が拡大していることだ。2022年3月から、インフレを抑制するためにアメリカのFRBは利上げを始めたが、日銀はアベノミクスを長く続けたために出口を失い、金融緩和を続けて金利を上げられなかったために、日米金利差が広がっていった。2024年7月31日に日銀は政策金利を0・25％に上げる一方、同年9月にFRBが利下げをすると見られており、1ドル＝140円台後半まで円高に戻った。

しかし、依然として円安は解消されていない。2022年には円安とともに、輸出で稼げる先端産業がなくなったために、化石燃料や食料の輸入増加をカバーできずに貿易赤字が定着している。その結果、実体経済の面からも、円安要因が生じているからである。

そういう中で、「円安インフレと防衛費膨張の悪循環」によって財政膨張が止まらないために、財務省は無意味な為替介入を繰り返しながら、日銀はじわじわ小出しに金融緩和を縮小しているとのメッセージを出さざるを得なくなっている。しかし、根本の構造が変わらないために、円と国債の投げ売りのリスクは消えていない。

その一方で、投機マネーの動きによって、日本の株価も不動産価格もバブル的様相を呈してきた。2023年半ばくらいから、世界的な投機資金の流れが変わり、為替レート、株価、長期金利の動きが変調をきたしてきた。新型コロナウイルスの世界的流行とともに、日米欧の中央銀行が大量に金融緩和を拡大させたためにマネーがあふれ出す中、中国の不動産バブル崩壊と米中貿易戦争の激化もあって、中国への資金流入が減る一方で、日本に投機マネーが集中し始めた。図7が示すように、2023年半ばから、アメリカの利上げが止まったにもかかわらず、円安が進行し、円安の進行に歩調を合わせて株価が上昇を始めたのである。そして2024年3月4日には、日経平均株価がついに4万円を突破した。円安はドル圏で取引する大企業を儲けさせるので、株価を上昇させていく。おまけに円安は外国人投資家にとって、日本の株も不動産も割安にするので、外国人主導で株高が生じ

図6　日米の政策金利の動き

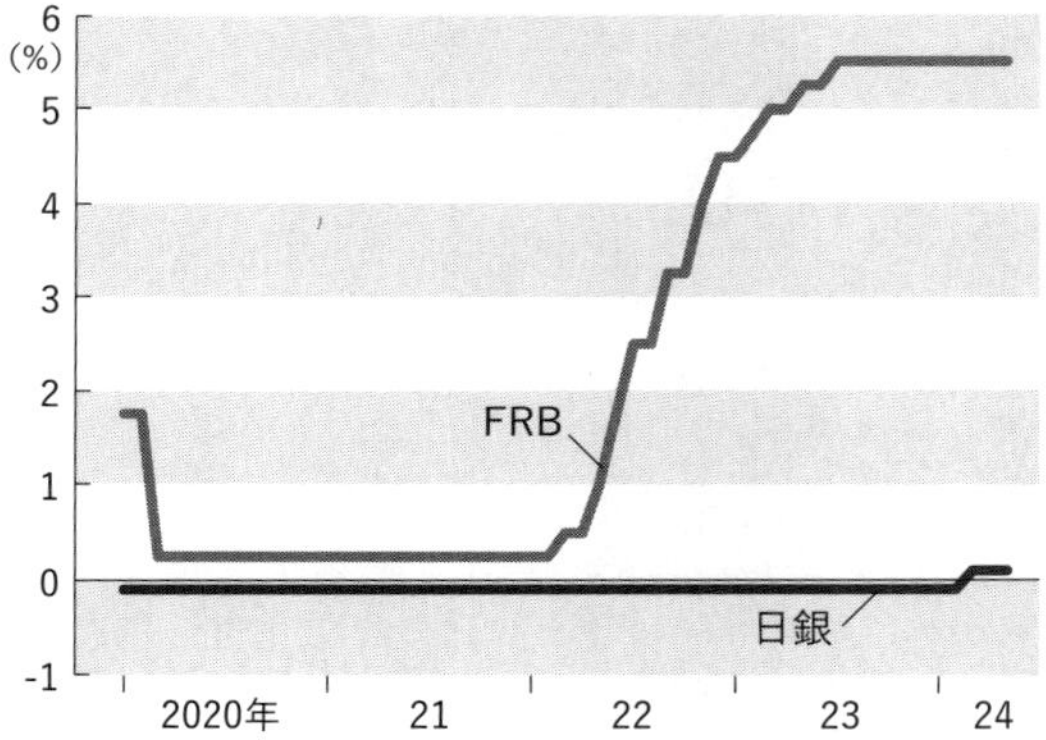

図7　為替レートと日経平均株価の動き

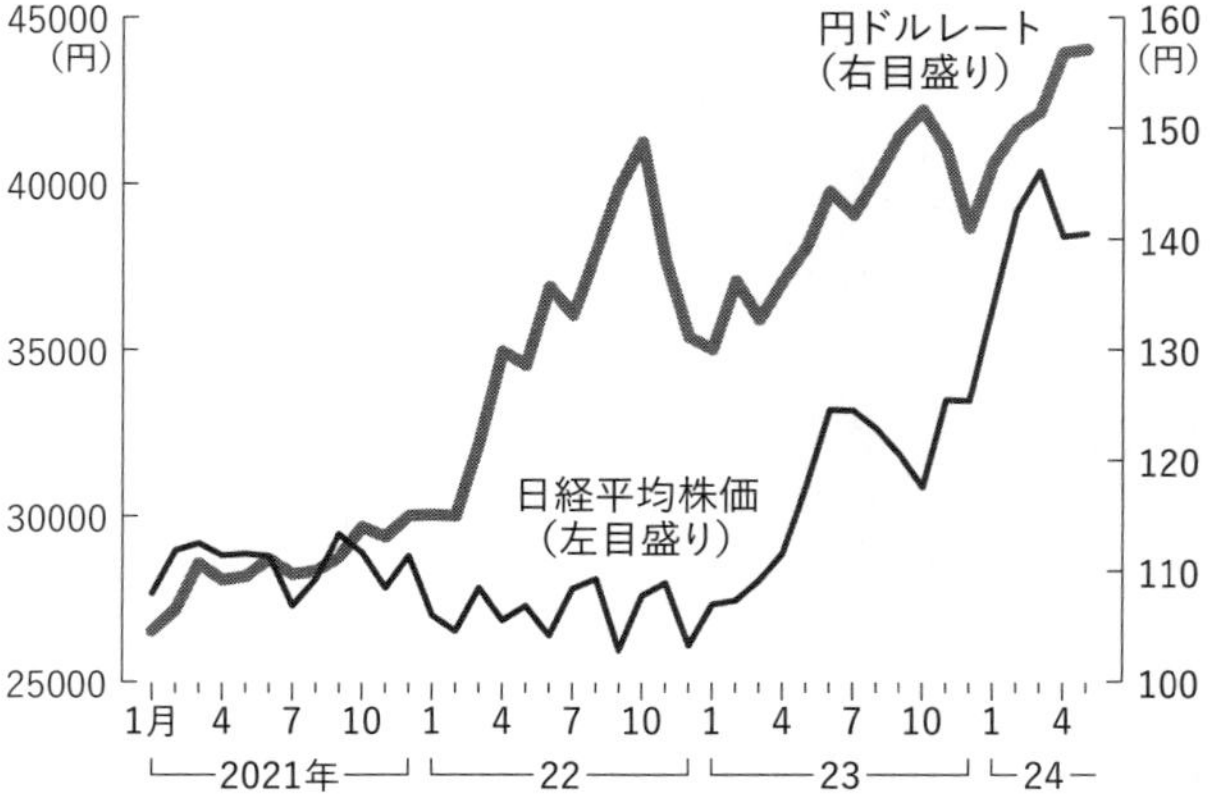

るのである。

もはや状況的にみれば、それは投機であり、バブルであることは疑いない。繰り返すが、34年ぶりの株高だと言われたが、34年前は日米貿易摩擦があり、ジャパン・アズ・ナンバーワンといわれるほど日本経済は絶頂期にあった。1985年のプラザ合意以降、円高が進行し続けていたにもかかわらず、貿易収支は黒字であった。いまの経済衰退とは正反対の状況であった。実体経済的根拠が弱い株価上昇は脆い。円安が修正されたとたん、2024年8月2日と8月5日に株価の暴落を招いたのである。

アベノミクスの政策的破綻を突く

さらに長期金利の動きも変化が起き始めた。図8が示すように、2023年夏以前は、長期金利が上昇する時には円安が抑えられ、逆に長期金利の上昇が抑えられる時には、為替レートは円安に動いていた。ある意味で、金利差で為替が動くという経済法則に従って動いているように見えた。ところが、2023年の夏以降は、FRBの利上げは止まったにもかかわらず、長期金利が上がるのに円安が起き、長期金利が下がると円高に振れるという動きになった。こうした不自然な動きをするのは、アベノミクスをあまり長く続けた

図8　為替レートと長期金利

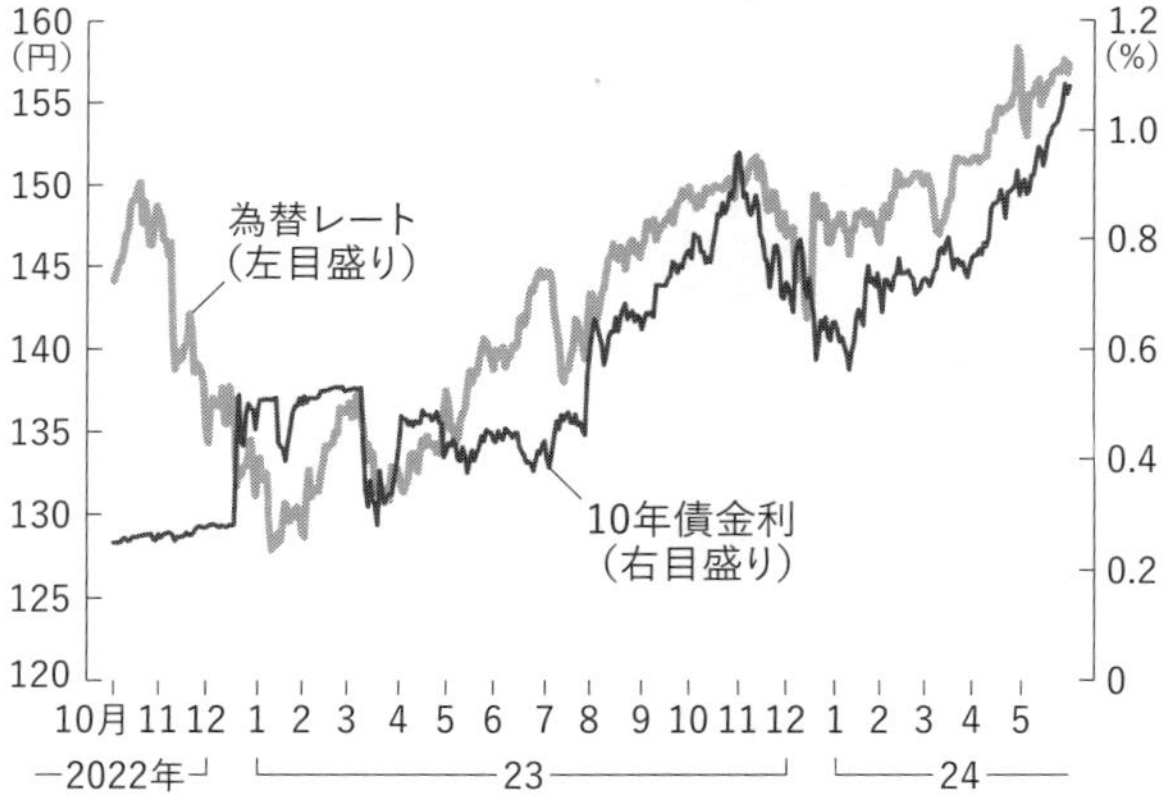

ために金利を上げられず、日銀の金融政策が柔軟性を失った政策的弱点を投機筋が突いているからである。

実際、日銀がアベノミクスを継続するたびに、常に円売り、国債売りの動きが出てはずるずると円安と長期金利上昇が起きてきた。2022年9〜10月にドル円レートが1ドル＝150円を突破し、財務省が9兆円とされる為替介入を行ったが、じわじわと為替レートは円安を続けて元通りになり、黒田日銀は0・5％への長期金利引き上げを余儀なくされた。2023年4月に黒田東彦日銀総裁が退任する間際も、低金利を維持するために大量の国債買い（金融緩和）を行った。植田和男新総裁も金融緩和を継続したため、円安が進み、2023年7月には為替介入時点の1ドル＝146円に戻った。それ以降、金融緩和と為替介入の限界が意識され、長期金利が上昇しながら円安が進み、23年10月には再び1ドル＝150円台に戻ってしまった。

10月31日に日銀は上限金利を0・5％からいきなり1％まで引き上げた。それによっていったん投機マネーの動きはおさまったが、再び長期金利の上昇圧力がじわじわ高まってきたために、2024年3月19日に日銀は、マイナス金利を解除し、長期金利のコントロール（イールドカーブ・コントロール）を終了せざるをえなくなった。しかし、急激な金利上昇を防ぐとして、誘導金利を0～1％の範囲で収めるように金融緩和を続けるという支離滅裂さを突かれて、再び円安と長期金利の上昇が進みだした。マイナス金利を解除する利上げにもかかわらず、為替レートは1ドル＝150円を突破して円安が進んだ。

そして前述したように、2024年4月26日の日銀金融政策決定会合において金融緩和の継続を決定するやいなや、わずか3日間で5円も円安が進んで1ドル＝160円を突き抜けてしまった。そのため、財務省は4月29日と5月2日を中心に9・7兆円もの円買いドル売り介入を行った。一時1ドル＝151円台の円高に戻ったが、すぐに155円台を回復し、5月末には1ドル＝157円台に下落し、6月24日には1ドル＝160円寸前に上った。財務省は7月11〜12日に5・5兆円の為替介入を行い、7月31日に日銀の追加利上げによって、一時1ドル＝141円台の円高になったが、8月16日には再び1ドル＝149円台の円安に戻った。

先述したように、為替や株価が乱高下する背後には先物取引を高速取引するCTAがいるからだが、アベノミクスから脱け出られない日銀や財務省への政策的信頼性が欠如しているからでもある。植田日銀総裁は国会で現状をインフレだと認めたので、金融緩和を続ける理由はデフレ脱却でなくなった。しかし、防衛費倍増政策を支え続ける赤字財政を財政ファイナンスしなければならない。金融緩和を続けるかぎり、円安は止めにくい。円安インフレが起きると、兵器（防衛装備品）の価格も上昇して防衛費の膨張も止められない。円安インフレと防衛費膨張の悪循環が生じている。リフレ派やMMTの多くは沈黙し、彼らの一部は防衛費倍増に積極的に協力して金融緩和を続けさせるように動いている。

他方、金融緩和を止めるには「物価と賃金の好循環」が起きなくてはならない。しかし円安インフレが起きるかぎり、〈ドル圏〉で取引する大企業は賃上げが可能だが、〈円圏〉で取引する中小零細企業や非正規雇用者は賃上げが進まない。結果として、大幅賃上げが起きたとされる2024年5月でも実質賃金は対前年同月比で▲1・4％、26ヵ月マイナスが続いている。これではいつまでたっても金融緩和は止められない。ますますアベノミクスの出口の困難さが増している。

消費者物価上昇率は2年以上も2％を超え続けている。本来のリフレ派なら、金融緩和を止めるべきで、MMTも増税に転じなければならないはずだが、彼らは自らの理論的破綻に目をつむり、なおも金融緩和、（暗黙のうちに）インフレ課税路線をとっている。その中で、消費者物価上昇率を抑制するには消費税減税が必要だと、まだ言い続けている。

だが、それは逆の結果をもたらしかねない。先進諸国の中で、依然として〈円〉が一番弱い通貨であることに変わりはないからだ。図5（第3章第4節）でも示したように、2024年度の当初予算ベースで見ても、消費税収は24兆円弱で全体の21％を占めている。公債依存度は31・5％なので、消費税収をなくして赤字国債を発行すれば、全体の半分以上が国債に依存することになる。

先述したように、2022年9～10月、アベノミクスと同じ考え方で大型減税を打ち出したイギリスのトラス政権が、ポンドと国債の投げ売りによってわずか44日で辞任したことを想起すれば、同じように円と国債の投げ売りになる危険性が高い。もしそうなれば、急激な円安と金利上昇を生じさせ、かえって猛烈な物価上昇をもたらしかねない。しかも財政赤字と金融緩和だけに10年間も依存すると、円安で輸出大企業は利益を膨らませ、いわゆる「ゆで蛙」にしてしまい技術革新を止めてしまう。実際、後述するように貿易赤字を恒常化させてしまう。彼らが支えたアベノミクスの泥沼のような大失敗は早く止めることが必須なのだが、抜けるに抜けられない状態を作り出してしまった。日本経済をとことん破壊してきたという意味で、リフレ派とMMTの無責任は限りなく罪が重い。

前代未聞の物価対策

円安インフレが厳しくなる中で、安倍派の裏金議員の代表格である萩生田光一元経産大臣がとった物価対策は、国際的に見て非常識な政策になっている。エネルギー価格を抑える物価対策は、国際的には燃料税の一時的軽減が通常の手段になっているが、石油元売りや電力大手といった独占企業に直接補助金を与える異常な政策をとっている。値下げ効果があまりなく、補助金の対象となっている独占企業をボロ儲けさせている。なぜか。

たしかに、石油元売り企業は輸入量の90日分の石油備蓄義務を負う。それゆえ、原油価格の下落が起きた場合、在庫評価額で損失が発生するが、課税上それは損金算入されるが、通常、原油価格が上昇する場合では在庫評価益を計上せずにすますことができる。ところが、この間のように石油価格が急上昇したのに、石油元売り企業が消費者に販売する価格上昇分に対して補助金をもらえれば、在庫評価益は丸々保証されてしまうことになる。しかも、在庫評価益は決算上経常利益に含まないで表示することができる。

石油市場は合併を繰り返してきたために3社の寡占状態になっており、市場競争がないから一層そういう傾向をもたらす。石油元売り補助金の異常さは、独占企業である石油元売り企業が価格変動リスクを完全に回避でき、納税者にそのリスクを転嫁することにある。しかも「2015年体制」の下で非主流経済学者を排除する動きが強まっているために、市場競争を強調する主流経済学者からもまっとうな批判が出なくなった。

さらに、裏金議員の萩生田元経産大臣はアベノミクスを引き継ぎつつ、大規模予算から多額の予備費を出し、そこから基金を積んでエネルギー独占企業に補助金を出す政策をとってきた。政府が大規模予算を組んで、日銀が金融緩和でそれを支える政策をとれば、円安インフレを推進することになる。まるでマッチポンプのような政策であった。

本来ならば、国際的な流れにしたがって、一時的にトリガー条項（ガソリン価格が継続的に高騰する場合は、特例税率の適用を停止する条項）を発動すべきだろう。しかし、この間、日本の石油元売り企業は合併を繰り返して3社寡占体制になったため、仮にトリガー条項を発動しても、寡占企業は25円分引き下げるかどうか保証の限りではない。だとすれば、公正取引委員会の監視を強め、場合によっては超過利潤課税が必要となるであろう。

電力の地域独占を野放し

福島第一原発事故以前は、大手電力会社は盆暮れに首相に1000万円送っていたとか、電事連（電気事業連合会）を窓口に政治資金パーティ券を配分していたといった報道が数多くあったが、いまは前述したように日本原子力産業協会を中心に大手電力会社や原発メーカー関連企業の数億円の政治献金が自民党に提供されている。あれほどの重大事故を引き起こしたにもかかわらず、何の反省もないまま、原発再稼働や新設が進められている。

電力独占企業への補助金を出すという前代未聞の「物価対策」も、自民党と政府・経産省との癒着から生み出されている。電力会社は地域独占を守ろうと、形式上の発送電の法的分離にとどまった電力「自由化」でさえ、空洞化させようとしている。2023年3月30日、公正取引委員会は中部電力および販売子会社の中部電力ミライズ、中国電力、九州電力および販売子会社の九電みらいエナジーに対し、他社の販売エリアでの営業活動を自粛し、安値での販売をしないなどのカルテルを合意していた独占禁止法違反（不当な取引制限〈カルテル〉の禁止）に基づいて総額1010億円の課徴金納付を命じた。

こうした地域独占カルテルを結んでいるのに、経産省は大手電力企業に多額の電力補助金を与えて未曾有の利益を上げさせてきた。2024年3月期の電力10社の連結決算で、電力大手の最終損益は約1兆8200億円の黒字だった。最終損益は10社中8社が4〜6月期として過去最高の黒字だった。四半期なのに東京電力は1362億円、関西電力は1931億円も利益を上げていた。そもそもガソリン補助金もそうだが、独占企業に補助金を出す価格抑制政策は、国際的に非常識である。しかも、電気・ガス補助金を5月に半減、6月には廃止する「歳出改革」で、防衛費膨張を賄うのである。

本来の正しい政策は何であったか。短期的には、経産省の燃料費調整制度で大手電力会社を優遇させるのを止め、再エネ事業者への妨害を止めさせることが大事である。そして、発送電の所有権分離で電力の地域独占を解体させ、世界的に価格低下が著しい再エネと蓄電池そしてスマートグリッドによるエネルギー転換を進めることである。

不良債権化する原発と無責任体制

どうして、このように狂った異常な政策に行き着いてしまったのか。その背後には、福島第一原発事故に行き着いた原発政策の失敗の責任を回避し、エネルギー敗戦を止められなくなっている経産省と大手電力会社の無責任体制がある。事故処理費用は年々膨らみ、5兆円になったが、2013年末に11兆円に増えた。ところが、3年間で倍増して2016年末に21・5兆円に急増し、2023年末、東京電力福島第一原発事故の事故処理費用を約2兆円引き上げ、計約23兆4000億円に膨らんだ。現在、賠償費用は9・2兆円、除染費用は4兆円（ただし帰還困難区域の国費除染費用4100億円を除く）、中間貯蔵費用2・2兆円、廃炉費用8兆円となっているが、さらに膨張するのは不可避だろう。

にもかかわらず、経産省と大手電力会社がなぜこんなに危険でコストが非常に高い原発にしがみつくのか、理由も明白である。ひとつは福島第一原発事故に伴って日本の原発は不良債権化したので、危険性を顧みずに原発を再稼働することが最も経営上有利になるからである。しかも、2023年3月末時点でも原発関連死者数は2335人に及ぶが、東京電力の経営者の経営責任は問われていない。重大事故を引き起こしても、経営者は誰も責任をとらなくてもすむのであれば、無責任体制を野放しにしているのも同然だろう。「2015年体制」下で、司法の独立性の喪失がそれをもたらしている。

一方、福島第一原発事故以降は、メルトダウンした核燃料を冷却装置に流し込むコアキャッチャーや二重の格納容器が必要になっており、明らかに国際的には原発はコストが高まっており、欧米諸国では新規建設は進まなくなっている。地震多発国の日本ではなおさらそうなのだが、不良債権化してしまった原発を無理に動かせば、ただの損失コストだった原発が利益を生むために、電力会社は採算を向上させることになる。異常にコストが高い原発なのに、電力の地域独占をそのままにしたうえに、原発＝不良債権処理を失敗してきた現状では、不良債権を動かすことで電力料金が低下するかのように見えるようになってしまった。しかも仮に重大事故を引き起こしても、日本の腐った裁判所の下では誰も責任をとらないですむのであるから、なおさらである。

いまひとつは、原発は電力を一気に大量生産できるので、大手電力会社が地域独占を守るために非常に有利になるからである。しかも原発は需要の変化に応じて発電量を調節できないので、必然的に化石燃料の火力発電で需要変動を調節する必要性がある（夜間に余った電力で水をくみ上げて昼間に水力発電に使う揚水発電もあるが）。それゆえに、原発＋石炭火力を組み合わせた発電体系が一番独占利益を上げられる。一方、本来コストが著しく低下して火力よりも価格が安くなった再生可能エネルギー（再エネ）と蓄電池は分散型エネルギーであり、地域独占を破壊してしまう。そのために、彼らはずっと再エネや蓄電池の

図9　太陽光パネル生産の世界シェア（市場占有率）

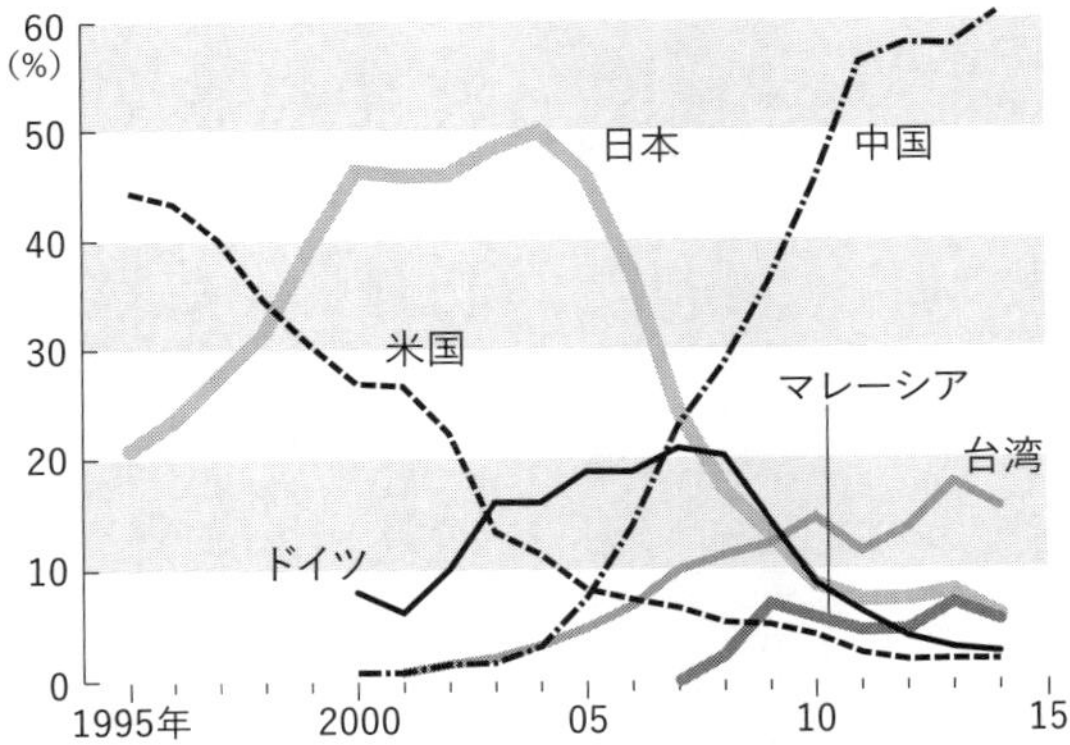

出所：Mei-Chih Hu and John A. Mathews,"Taiwan's Green Shift – Prospects And Challenges,"The Asia-Pacific Journal,Vol.14,Issue19,No.2,Oct.1,2016

普及を一貫して妨げてきた結果、日本はエネルギーガラパゴスに陥ってしまったのである。

発送電の所有権分離が必須

実際、図9が示すように、太陽光電池は2000年代半ばまで、日本のメーカーが世界的に高いシェアを誇っていたが、急速にシェアを失っていった。この10年間で太陽光発電のコストはおよそ10分の1、風力発電のコストはおよそ5分の1に大きく落ちている中で、政治献金と天下りを背景にした経産省の失敗によって半導体と同じく太陽光発電の衰退を加速させていった。大手電力会社も地域独占を壊すので、送電部門が発電部門に対して再エネの新電力企業の顧客情報を流して潰しにかかる悪質な事例もでている。この間を見ても、経産省がバックで支えながら、大手電力会社はあの手この手を使って再エネと蓄電池の普及を妨害してきた。

まず、大手電力会社は再エネに対して系統接続を拒否したり、法外な接続料金をとってきたりしてきた。さらに福島第一原発事故費用の負担を託送料金に上乗せして、再エネを担う新電力にも負担させた。それどころか蓄電池の普及を妨げ、電力の安定供給というとてつもなく古ぼけた発想に基づいて日本独特の「容量市場」を創設して、再エネの新電力にも大手電力会社の原発や火力の建設・維持管理負担まで負わせている。容量市場の負担を負わない新電力には異常に高いスポット電力価格（日本卸電力取引所〈JEPX〉において発電事業者と小売業者の間の入札で成立する取引価格）を強いている。さらに九州電力のように原発を再稼働させて、再エネ（とくに太陽光発電）に対して出力抑制を繰り返して、再エネ新電力を潰そうとする動きが強まっている。

つまり、大手電力会社は地域独占を守るためにカルテルを結んだり、本来、世界的には再エネが一番安くなっているにもかかわらず、再エネの新電力をさんざん潰したりして、その普及を妨害してきた。福島第一原発事故を引き起こした経営失敗と地域独占が電力価格が高い原因なのにもかかわらず、経営者が誰一人責任をとらず、地域住民から利益を吸い上げ、さんざん再エネ普及を妨害したあげくに再エネ賦課金が高いからとか、原発を動かさないからだというデマ宣伝を繰り返している。

その裏側には、電力会社と重電機企業そしてレベルの低い原発研究者が群がって原子力ムラを形成して、時代から取り残された古い産業構造にしがみつく経団連企業が政治献金や裏金を出し、それを受け取る自民党政治家たち、天下る経産省中心の官僚らが作り上げた巨大な利益共同体がある。「裏金国家」に基づく「2015年体制」が、経団連企業、自民党政治家、経産官僚たちという亡国のトライアングルを生んだのである。

そのせいで日本は、完全に世界から取り残されて、エネルギーガラパゴスになっている。図10が示すように、デンマーク、オーストリア、スウェーデンなどの欧州諸国を先頭に、自然エネルギーの割合が半分以上を占めているのに対して、日本は依然として20%台にとどまっている。しかも化石燃料、とりわけ石炭火力の比重が非常に高い。依然として大手電力会社の地域独占がこうしたエネルギー構造をもたらしている。

現在は、福島第一原発事故後の発送電分離改革は法的分離にとどまっている。つまり東京電力のように持ち株会社を作って発電会社と送配電会社を同じグループ企業として一体

図10 自然エネルギー割合の国際比較(2022年)

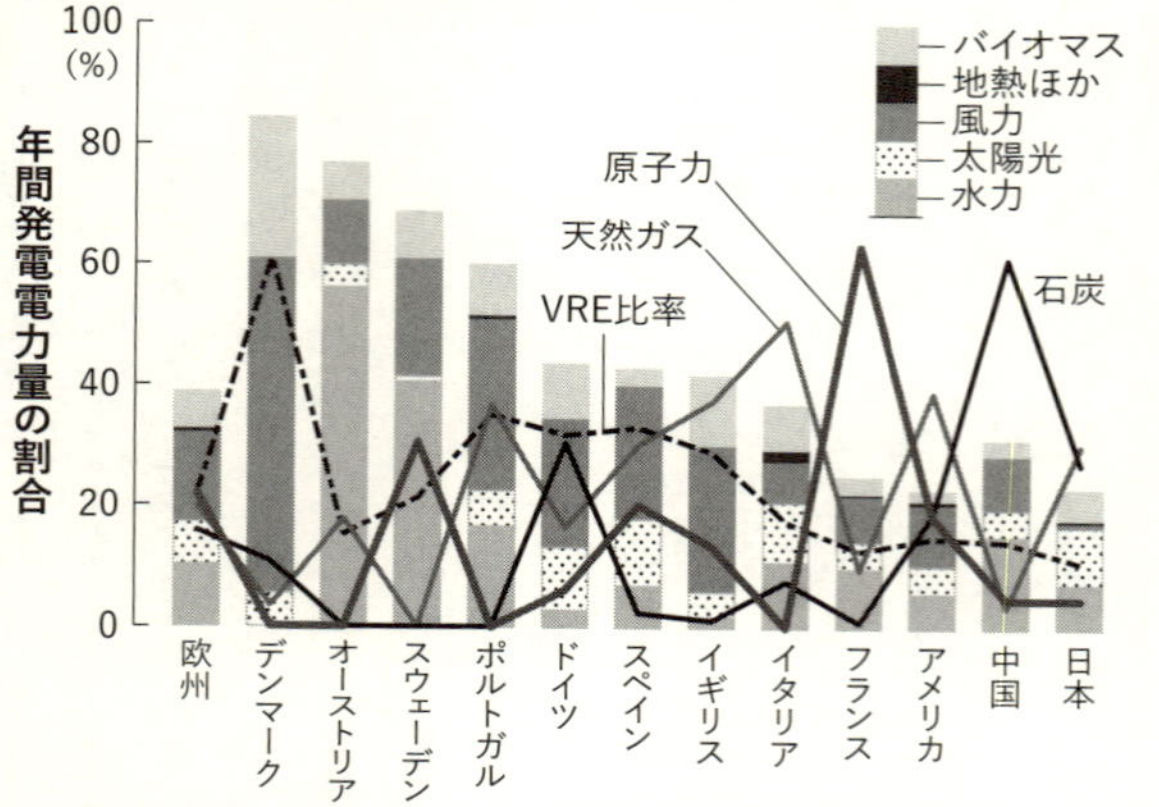

出所：環境エネルギー政策研究所「2022年の自然エネルギー電力の割合」(暦年・速報)
注：VREは変動性再生可能エネルギーをさす。

化させているか、関西電力のように発電会社が送配電会社を子会社化するといったレベルにとどまっている。大手電力の地域独占を解体するためには、発送電の所有権分離が必須になっている。残念だが、大手電力会社は再エネ新電力に圧力を加えており、今のところ、企業や役所や家庭において自給用の自然エネルギーと蓄電池を装備することで大手電力会社の地域独占支配を免れる道が最も有効になっている。しかし、低所得世帯と集合住宅ではなかなかそうした自衛手段をとれないのである。

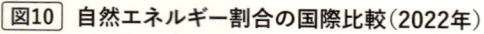

第3節　政府の産業政策が衰退を加速させる

志賀原発は第2の警告

先進諸国で起きているエネルギー転換の基本的方向は、再生可能エネルギーを蓄電池で蓄え、ＩoＴ（情報通信技術）を使ったスマートグリッドで電力をコントロールする地域分散ネットワーク型のシステムである。ところが、裏金と政治献金そして天下りで結びついた原子力ムラが、大手電力会社が地域独占で支配する仕組みで、この時代の流れを逆行させているのである。

これまで述べてきたように、地域独占を維持する電力大手を守るために、カルテルを結び、さまざまな手段を使って新電力潰しに走っている。そして福島第一原発事故などなかったかのように60年超えで原発を運転しようとしている。その背景にあるのは、福島第一原発事故に対する責任を問うこともなく反省もなく、まるで第二次世界大戦の敗戦につながった「失敗の本質」をそのまま繰り返している「裏金国家」なのである。

岸田は通常国会の施政方針演説において、元日の能登地震で志賀原発にも深刻な事態が起きたことに一言もふれず、国会ではＧＸ（グリーントランスフォーメーション）の一環として原子力発電の活用推進を主張した。だが、どう見ても、能登地震は福島第一原発事故に続く第2の警告であった。志賀原発1号機の放熱器上部に割れ、2号機の冷却器上部に約13センチの割れが起きた。そして外部電源を受けるための変圧器の配管が壊れて、2号機では約2万リットルの冷却・絶縁用油が漏れ、主電源が失われた。その後も、1号機は非常用発電機が試運転中に停止した。重大事故時の避難経路に定めた国道など11路線のうち、7路線が崩落などで通行止めになった。原発周辺9市町の住宅被害は2万件超に上り、屋内避難も難しい。直下型地震による原発事故発生時は、避難などできないことが明確になった。

強い揺れがあった輪島市では地盤が4メートルも隆起。同市から30～50キロしか離れていない志賀原発で同レベルの地盤隆起が起きていれば、福島第一原発事故の二の舞いになっていた恐れもある。実際、志賀原発の敷地内にも断層の疑いがある。ところが、岸田首相はこれらの事実に一切言及しない。原子力規制委員会も北陸電力も「異常なし」を繰り返すたびに、新しい「安全神話」が作られていると確信させられる。彼らは過去たくさんの事故・トラブル隠し、データ改ざんの前歴を有するが、何ひとつ変わっていないのだ。

福島第一原発は廃炉できるのか

地元漁協の反対を無視して、中国の反対を背景にしてナショナリズムを悪用した福島第一原発の「汚染水」放出も悪質である。実際に、汚染水は中国や韓国の原発の処理水とは異なる。原発事故でメルトダウンした原子炉を通した水であり、タンクの3分の2近くはトリチウム以外の核種（たとえばストロンチウム）が含まれており、2次処理、3次処理が必要とされている。

最も重要な問題は、廃炉が40年で終わることを「汚染水」放出の前提にしているが、極めて疑わしいことである。実際には、原子炉内で半減期433年のアメリシウム（Am-241）が、中性子捕獲反応とβ壊変を繰り返すことで生成するからである。アメリシウムは原子核実験で発生する危険物質で取り出すことは困難なうえに、仮に取り出せたとしても最終処分場がない現状では保管する場所もない。福島第一原発事故はそれほどの重大事故なのであって、そのことを認めると、原発が人類のコントロールできない技術であることを認めざるをえなくなってしまう。原発60年超え運転などもっての外になる。それゆえタブーにされているが、真実を直視しなければならない。

そのうえ、40年で終わるかどうか分からない廃炉過程を担うのが、事実上経営的に潰れている東電だということである。重大事故を引き起こしながら経営責任を一切問われていない倒産ゾンビ企業に汚染水処理を任せること自体、前代未聞のスキャンダルに近い。実際、柏崎刈羽原発での度重なる不祥事をみれば、当事者能力に欠けていることは明らかである。

そこで、原子力規制委員会が東電の運転資格性を慌てて審査をして、処理水の海洋放出に間に合わせようとしている。だが、山中伸介委員長を先頭に60年超原発運転を認め、運転休止期間が長い原発の運転を認めている。原子力規制委員会自体がその科学性を審査されるべき存在だと言える。

もちろん別の選択肢が存在する。東電の経営責任を問うたうえで、新体制を構築すること。トリチウムの半減期が12・3年なので、24・6年で4分の1、36・9年で8分の1になる。それまで汚染水をコンクリで固めて保持するか、タンカーにため込むかが必要になる。原発は事故を起こすと、それ相応の時間とコストがかかるのは当然なのである。

コスト面もリスク面も技術面も

まずエネルギー問題を考える際に重要な要素は、安全性とともにコスト面である。明日香壽川《じゅせん》東北大学教授があげる海外のデータを見れば、再エネの猛烈な価格の低下に対して、原発のコストは著しく高くなっていることは明らかである。アメリカのエネルギー情報局（EIA）によれば、1メガワット時（1000kWh）当たりの2022年の発電コストは、高効率の石炭火力が82・61ドル、原発が81・71ドル、天然ガスが39・94ドルなのに対して、太陽光は33・83ドル、陸上風力は40・23ドルだった。再エネの中では、バイオマスが90・17ドル、洋上風力は105・38ドルとやや高かったものの、太陽光と陸上風力の発電コストは石炭火力や原発の半分以下になっている。

国際エネルギー機関（IEA）が2021年に温室効果ガスの排出削減コスト（1トンの二酸化炭素の排出を削減するためのコスト）を検討したところ、太陽光の2・9ドルに対して、原発は運転期間を延長した場合には17・0ドルで約6倍、原発を新設した場合は56・2ドルと約19倍も高い。そして原発は再エネに比べ雇用も生まない。日本の太陽光発電や風力発電は、先述したように「裏金国家」の経産省と大手電力会社が地域独占を守るために、再エネの普及を徹底的に妨害してきたために、「規模の経済」が働かなかったからであり、（電力だけではないが）経産省の政策的失敗による。

これまで述べてきたように、再エネ＋蓄電池＋スマートグリッドを促進することで地域分散ネットワーク型経済へと転換することが急務となっている。ネクステムズが宮古島中心に作り出したマイクログリッドが先行例になっている。ネクステムズが地区に蓄電池を置き、各戸の屋上の太陽光電池と屋外型ゲートウェイを設置して、クラウドでデータをコントロールしていくオンサイトＰＰＡの形をとっている。南カルフォルニアや西オーストラリアで蓄電池を使ったマイクログリッドと同じような動きである。

まずは、電力会社の原発60年超運転と地域独占カルテルで高い電気代を払わないために、前述したように発送電の所有権分離が必要になる。しかし当面それが実現できなくても、先述したように末端のマイクログリッドならばシステムは構築できる。住宅メーカーの新築住宅は太陽光と蓄電池で自給し、できるだけ電力会社から電気を買わないようにしている。個別の中小企業や住宅でも当面の資金さえ確保できれば、電気を自給することは可能である。こうした動きは中国のＢＹＤやアメリカのテスラを見れば分かるように、技術的にはＥＶ化とシンクロしていく。ＥＶ化はエネルギー転換と技術的に強く連関しているのである。日本は完全に置いてきぼりをくっているが、当面ハイブリッド車が売れているので、自動車メーカーは安心している。このままではシャープの亀山モデルの二の舞いになりかねない。

遅れたIT企業と日本型オリガルヒ経済

「裏金国家」に支配された政府の産業政策が日本の産業衰退をもたらしている。政府の産業政策の看板とされているのはGXとDX（デジタルトランスフォーメーション）であるが、政府のGXとDXはともに決定的に間違っている。

これまで述べた政府のGXが、大手電力会社の地域独占を維持し、安全性もコスト面も著しく劣る原発推進を続けるかぎり、日本のエネルギー転換はどんどん遅れていくだろう。本当の問題は、原発の安全性と雇用を確保しつつ、いかに高コストの原発をソフトランディングさせるかにある。ところが、大手電力会社の地域独占と天下りと結びついた日本型オリガルヒ経済に突っ込んで、時代遅れで危険で高コストのガラパゴス・エネルギー体制を維持しようとする完全に間違った産業政策を実行している。経済産業省を早急に解体しないかぎり、日本経済の衰退は止まらないだろう。

実はマイナンバーカード、とくにマイナ保険証を強制する政府のDXもまったく同じ構造に陥っている。このままでは、日本のITを救いきれないほど衰退させていくだろう。

この分野での裏金の実態は不明だが、政治献金と技術的に遅れた日本の情報産業のための救済事業との結びつきは非常に強い。

ほぼ10年間でマイナンバー関連事業を少なくとも3000億円近く発注していると見られるが、大企業8社が共同受注などで独占的に契約している。自民党の政権復帰以降の9年分の政治資金収支報告書によると、8社のうち自民党の政治資金団体「国民政治協会」に献金していたのは、NTTデータ、凸版印刷（現TOPPANホールディングス）、日本電気、日立製作所、富士通の5社で計7億円に達するという報道も出ている。その中心となるJ－LIS（地方公共団体情報システム機構）には総務省官僚が天下っている。

マイナンバーカードとマイナ保険証は利便性もセキュリティもまったくないために、普及しない。実際、マイナ保険証は総点検後もトラブルが絶えず、2024年6月のマイナ保険証の利用率はなおも9・9％と低迷している。本来、民間だったら、とうに潰れてしまうような欠陥カードであることは明白であり、マイナ保険証の利用率がなかなか上がらないのは当然である。

トラブルが山ほど発生し、そのいくつかが今も解消されていない。証明書の誤交付が起きる。公的口座取引など誤登録が多数出る。すぐに銀行が認証チェックできるはずなのに、こうしたミスが横行する。システム自体に欠陥があるのに、地方自治体の職員や利用者のせいにする無責任が行き交う。実際、システムの基本設計の間違いも多い。まず、やたら多くの紐付けをするために、なくしたり盗まれたりすると、すべての個人情報が漏れてしまう。

ところが、デジタル庁とITに無知なデジタル大臣がアメとムチで対応する。マイナンバーカードが普及しないために、2兆円も使ったマイナポイントで国民をつったり、健康保険証を廃止して強制したりしてきた。4桁暗証番号のプラスチックカードを認知症や高齢者や子どもや身体不自由な方々などにも配布しようとして、事実上、情報弱者を切り捨てている。当面、マイナ保険証と同時に旧来の保険証を持てといい、旧来保険証の廃止期限を1年間遅らせて毎年資格確認書を出すだけでなく、暗証番号のない顔認証マイナ保険証、スマホのマイナ保険証（これもマイナ保険証をスマホに接触させないと使えない無意味なもの）など、数種類のカードが発行される極めて非効率なものとなっている。結局、責任を回避するために旧来の保険証廃止を止められず、そのために事後処理がデタラメで混乱が混乱を呼んでいるのである。

マイナ保険証は総点検を行っても、なおも欠陥は改善されない。顔認証ができない。それを解消するために解像度を緩めて、誰でも入れてしまう。認証システムも含めて2026年に新しいカードでやり直すので、新たなカードリーダーがまた必要になる。しかも5年ごとに健康保険証として更新しなければならないので、国民皆保険も壊れていく危険性も出てくる。欠陥と無駄を重ねて政治献金企業が儲けていく究極の寄生システムになっている。

オンプレミスとクラウド

世界的にみれば、いまや生成AI、クラウド、先端的半導体GPU（映像処理できるNVIDIA製）が席巻しており、日本でもマイクロソフトやグーグルの大規模データセンターが建設されている。日本のIT企業はまったく歯が立たないくらい後れを取っている。こうした事態を根本的に解決するつもりはなく、最初からスマートフォンとクラウドで対応する能力がなく、むしろ技術的にとんでもなく遅れた4桁の暗証番号で顔認証も不安定なプラスチックカードを全国民に強制しようとしているのである。

これまで日本のIT企業は、企業ごと、病院ごと、銀行ごとに閉じたシステムを作る自社が運営するオンプレミスの方式でやってきた。外部に閉じているので安全だと主張しながら、サーバーなどハードを売り、維持管理費用で稼ぐ方式である。施設内の情報システムは下請けに発注して作らせるので、プログラマーの地位が著しく低くソフトの開発力で格段に劣っていた。それゆえＩＴゼネコンと揶揄されていた。

ところが、いまやアメリカや中国の巨大ＩＴ企業はクラウドを運営し、そこからアプリを提供するプラットフォーム企業へと変貌した。そこは基本的にセキュリティが強化されたオープンなシステムで、利用者のコストは大きく削減されている。これまで銀行が合併したり、病院ごとにオンプレミスで作ってきたシステムを外部につなげたりすると、しばしばシステムトラブルを起こすようになっている。これまで別々の会社がそれぞれシステムを構築し、つなぎ合わせたらバグが出てしまうのである。今回のマイナ保険証では、日本のＩＴ企業はクラウドを運営するノウハウに欠けており、時代遅れになっている欠点が露呈してしまったのである。

この間のマイナ保険証のひどい醜態を見れば、日本のＩＴ企業の国際競争力の欠如は明らかだ。図11を見れば明らかなように、日本の貿易収支上のデジタル赤字はいまや約５・５兆円にまで増加している。ＧＡＦＡＭには遠く及ばず、ＩＴ失敗企業群がＪ－ＬＩＳに集まり、自民党に政治献金を出して、国の数兆円もの税金に巣食って生き延びていこうと

図11　デジタル赤字の膨張

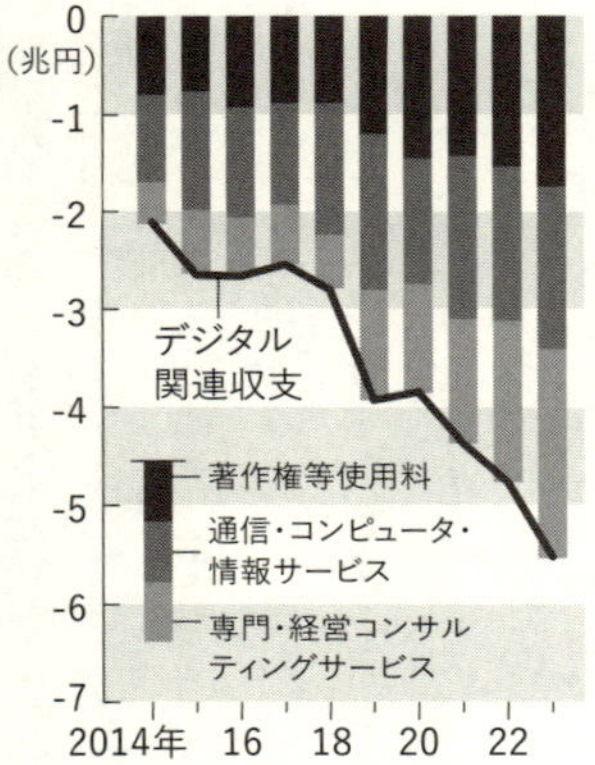

項目	説明
著作権等使用料	●OSやアプリケーションのライセンス料 ●放映権料　等
通信・コンピュータ・情報サービス	●クラウド ●ソフトウェアの委託開発 ●ゲーム等のサブスクリプション契約　等
専門・経営コンサルティングサービス	●ウェブサイトの広告スペースの取引 ●コンサルティングサービス

出所：三菱総合研究所「DXを進めるほど拡大するデジタル赤字」

しているのである。

　必要な施策は明らかである。まずＪ－ＬＩＳの利益共同体を解体し、台湾のオードリー・タンのようにＩＴの知識を持つ者をデジタル大臣につけ、公正なルールの下で新しいＩＴ企業の参加を促すことである。マイナ保険証については、通常の健康保険証廃止を止め、一からやり直して、クラウド上でスマホのアプリにする。多数の紐付けを止め、一つひとつ独自のＯＳ（オペレーティング・システム）で丁寧にプログラムを組んでいくことが必要である。同時に、大学予算を復活させ、情報科学と人材養成の体制を組み直していかなければならない。

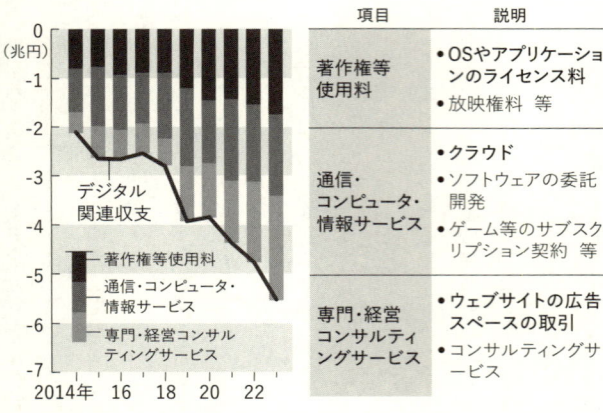

そもそも政府の医療IT化の方向性が完全に間違っている。個人情報のプライバシー保護（自分の医療・薬情報に誰がアクセスしたかを知る権利）を考慮しつつ、中核病院、診療所、高齢者施設、訪問看護・介護、薬局などを結びつける地域の医療介護ネットワークを作り、かかりつけ医や訪問看護を軸に、在宅医療・介護をサポートする。そのうえで、慢性病などを持つ在宅患者にはブロードバンドを使って、独自のデバイスを用いて自身の健康データを自己管理できるようにするのである。真の医療DXとは、利便性があり、安心かつ医療費の効率化を促す地域医療システムの構築である。

先端産業の遅れと貿易赤字

これまで見てきたように、円安インフレ、防衛費倍増、原発60年超運転、マイナ保険証の強制などは明らかに「裏金国家」の一つの帰結であった。裏金を含めた政治献金が経団連企業に「利益」をもたらしたが、それは時代遅れの産業構造を延命し、産業衰退をもたらす仕組みであった。その結果、図12が示すように、リーマンショックや東日本大震災を契機に貿易収支がしだいに赤字基調に変わってきた。22年の貿易赤字は19・9兆円になった。年度ベースで見ると、22年度の貿易赤字は21・7兆円と過去最大を記録した。かつて

図12 **貿易収支の動向**

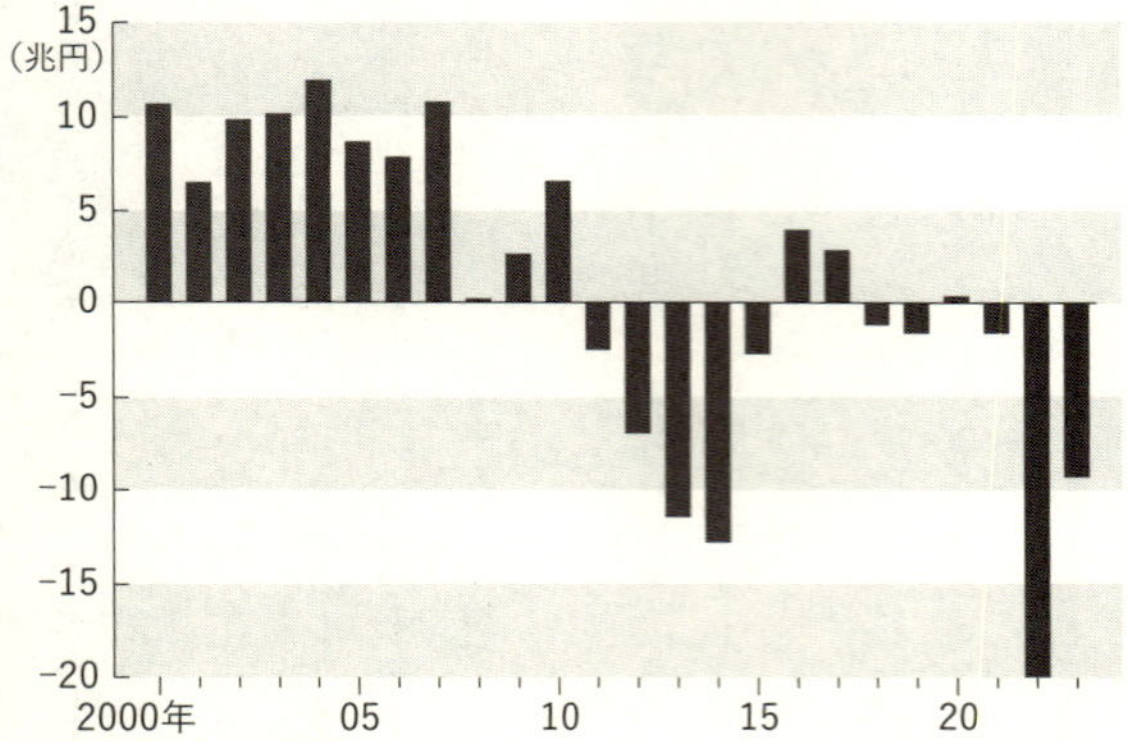

出所：財務省「貿易統計」

の日本は、先端的な工業製品の輸出で稼いだ外貨で、原材料や食料を輸入する加工貿易の国であるとされていたが、それは過去のものになっている。

〈民間貯蓄＝財政赤字＋経常収支黒字〉の恒等式が示すように、この財政赤字の膨張は、民間貯蓄と経常収支の黒字で支えている。民間貯蓄は、企業の内部留保拡大とコロナ給付で個人貯蓄も一時的に増えているが、このまま人口減少と少子高齢化が進めば、中期的には減少していくだろう。他方で、23年度の貿易収支は大幅な赤字に変わったが、経常黒字は25兆3390億円と過去最大を記録した。海外進出企業が稼いだ第1次所得収支が円安で膨らんでいるが、超低金利の日本の資金は国内投資先がなく、高金利のドルに投資する円キャリートレードによって経常収支が膨らんでいる。さらに、日本の産業衰退が進んだり、海外のバブルが崩壊したりすれば、たちまち縮小してしまう。その意味で、貿易赤字の定着はじわじわ効いてくるだろう。

もちろん民間貯蓄と経常収支黒字で支えられなくなれば、海外投資家によって財政赤字＝日本国債を支えてもらわないといけなくなるが、それでただちに財政危機になるわけではない。だが、何かを契機に海外投資家が日本国債を売り抜けば、極めて脆くなる。しかも先述したように、先物取引が投資対象になるCTA（商品投資顧問）などのファンドが、新型コロナウイルス対策の金融緩和で大量の資金を抱えたうえで、円や国債の投げ売りがしやすくなるので、極めて不安定な状況に追い込まれるだろう。

CTAは、金利、通貨、株価、商品などの先物の変化率を儲けの対象にする。しかもコンピュータを使った高速高頻度取引で大量の資金を動かす。日本のアベノミクスのように持続可能性が失われ、金融政策の柔軟性が失われていることが分かれば、足下を見て、円や国債を売り込んでくる。逆に、2024年8月2日、5日のように、円安から円高に急速に振れれば、株のパニック売りも起こる。

CTAはコンピュータによる高速取引なので、先物取引の変化率が大きければ大きいほど儲かる。近未来の政策の持続可能性が失われていればいるほど、多くの人々が信じるもっともらしいフェイク情報を作り出して、先物取引なので一気に売ったり買ったりできる。

こうした新たな金融情報資本主義の下では、国力が衰え、日本経済が脆弱性を抱えていると、投機マネーがすきを突いて活動しやすくなる。とくに中長期的に見て、進行している産業衰退は深刻な問題を引き起こす。かつてのアメリカや中国・韓国に対しても、昔の日本の製品やサービスならば、環境に優しく精巧で、それが日本人の勤勉性によってもたらされたものだと評価された。そうして日本製品は国際的信用を得てきたが、「2015年体制」が生んだ「裏金国家」体制の下で跡形もなく壊れつつある。旧来の日本企業の製品でも検査不正が日常茶飯事のように起きている一方で、①情報通信技術、②RNA医薬品とゲノム診断と精密医療、③再エネと蓄電池を軸にしたエネルギー転換、④EV化と自動運転などの先端4分野で著しい遅れが生じている点は致命的である。

いまや「自動車1本足打法」と揶揄されるようになっているが、EVにおける中国のBYDの台頭と価格競争の激化が発生し、依然としてハイブリッドの売り上げが続く中で、欧米の既存メーカーも中国のBYDと競争できず、トヨタも燃料電池車など全方位路線に逆戻りしている。たしかにEVは、蓄電池の爆発事故や走行距離の限界、蓄電インフラ不足、自動運転に伴う事故などさまざまな問題が生じている。これからも、いくつかのイノベーションの壁を乗り越えていかざるをえない。だが、EV化の方向を見誤ると、先に述べたようにシャープの亀山モデルと同じ運命に陥ってしまうだろう。

大学破壊と科学技術力の衰え

OECD（経済協力開発機構）による42ヵ国の統計について、一般政府総支出に占める公的教育支出の割合を見ると、日本は下から5番目になっている。5年前の数字でやや古いが、日本の公的教育支出は低すぎる。しかも情報科学やゲノム科学など先端分野での基礎科学の遅れが深刻になっている。

にもかかわらず、小泉政権の下で国立大学の「民営化（独立行政法人化）」が行われ、大学運営交付金は10年間、毎年1％も削減してきた。その後も、「儲かる大学」などと言って大学の基礎研究を破壊する政策を繰り返している。安倍政権の下で行われた2015年の学校教育法改正で、学長の権限を拡大し、それまで大学自治の主体であった教授会の権限を奪っていった。そして2023年の国立大学法人法改正では、学外有識者を含む3人以上の

図13　一般政府総支出に占める公的教育支出の割合
（2019年 教育段階別）

出所：OECD、Education at a Glance 2022: OECD Indicators

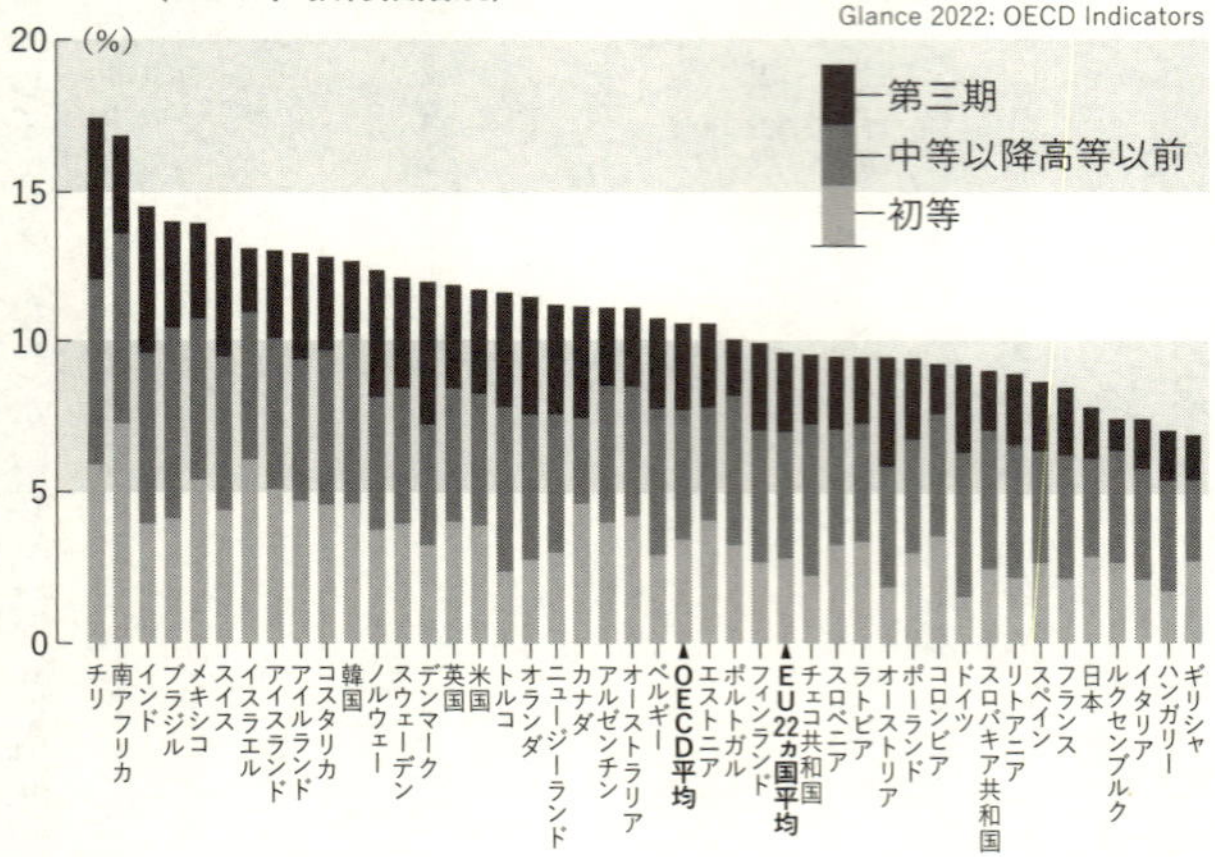

委員と学長で構成する運営方針会議を設置し、中期計画や予算・決算などを決め、学長の選考や解任に関して「学長選考・監察会議」に意見できるようになった。この委員は文科大臣の承認を得て学長が任命する。

大学は安直な金儲けではなく、科学の方法や技術の革新が役割となっており、文化や倫理も含めた複合的な人間の捉え方を学ぶところである。料理でいえば、大学はスープストックの役割を負うのであって、それなしには良い料理はできないのである。世襲議員中心の自民党政治家は根本的な勘違いをしており、彼らの愚かさのせいで、大学の研究水準はどんどん落ちてきている。

そのくせ新型コロナウイルスの大流行にさいしても、大学は本来、果たすべき社会的役割を果たせなかった。大学にもたくさんのPCR検査機があったにもかかわらず、放置され、研究者たちの知恵も動員されず、積極的役割を果たせなかった。代わりに、厚労省技官出身の尾身茂をはじめゲノム科学もワクチンもまったく分からない政府御用達たちは、100年前の公衆衛生上の小学生並みの対策を繰り返し、一般人に対しても科学的無知をさらけだした。こともあろうに尾身茂は無症状者にはPCR検査は不必要だと言い、計測科学の知識もなく、厚労省は機械制の「プール方式」検査機器も使えなかった。さらに東大医科研のm－RNAワクチン治験の研究費を削減し、感染症に関するライフサイエンスに貢献することを謳った加計学園に予算を振り向けたが、何の貢献も果たせなかった。

その直前だったが、2020年9月28日、菅義偉政権は日本学術会議の候補者105人のうち6人を任命拒否した。この6人の任命拒否リストに関わったのは公安警察出身の杉田和博内閣官房副長官であった。任命拒否の具体的理由を一切明らかにせず、軍事研究や特定秘密保護法などに反対する人たちを拒否したのではないかと考えられている。「2015年体制」の下で公安警察中心の政権が言論の自由を奪っていったのである。大学自治や科学者の自治が破壊され、自由な研究環境が奪われていくので、大学や研究機関の研究教育水準はますます落ちていかざるをえないだろう。

三代目世襲政治家の愚かな政策が続く

２０２１年10月に岸田文雄政権が誕生したが、党内少数派なこともあって、安倍派の路線をほぼ丸々継承している。岸田首相は当初、分配重視の「新しい資本主義」を掲げてアベノミクスの転換を打ち出したが、すぐに「新しい資本主義」は愚かな「新しい戦前」に入れ替わってしまった。当然、経済衰退は止まらないが、作戦失敗を認めず、最近は三代目政治家が先頭を切って経済敗戦へ向かって泥沼のように、国民を引きずり込んでいる。日本の産業衰退は止まらないだろう。

「２０１５年体制」が作り出した「裏金国家」は根が深い。小選挙区制の下で、裏金で形成される利益共同体は政策論なき利益誘導政策で、アベノミクスによるバラマキがそれを支えてきた。そして、その中心に東京生まれの東京育ちの世襲議員を据《す》えれば、自民党の年功序列（当選回数順）で出世する仕組みに乗って閣僚になって利益配分を享受できる。それは経済衰退をもたらすが、そうなればなるほど、地域において裏金を通じて形成される利益共同体から排除されれば生きていけないので、言論封殺の支配は強まって行くのである。

それは中央政府の仕組みをも変えていく。世襲議員たちは政策論争をしたり答弁したりする能力が著しく欠けているために、民主主義的な議論を行う国の装置を次々と壊していく。それが「2015年体制」だったのである。と同時に、世襲議員たちは、民主主義的で公正なルールではなく縁故主義に基づいて動く。それが一般人に対して彼ら世襲議員が持つ「優位性」だからである。

その意味で、森友学園、加計学園、「桜を見る会」などの不正腐敗は起きるべくして起きた事件であった。しかも、放送法解釈変更でメディアに介入して、テレビ番組を御用「ジャーナリスト」ばかりに変えて、「野党は批判ばかり」「まだこんなことばかりしている」といった言説を垂れ流させ、世論を鎮静化させてきた。その結果、安倍元首相と安倍政権は巨大な不正への追及をまんまと免れることに成功した。それがかえって巨大な裏金問題を作り出して、あふれ出してきたのである。

こうした縁故主義に基づく「仲間内資本主義（クローニーキャピタリズム）」は、国の経済政策を乗っ取っていった。2014年に経団連の政治献金が復活した。公安警察が監視する内閣人事局で大量の忖度官僚を生み出す一方で、天下りが公然と復活していった。劣化した世襲議員に支配されて動くことで出世と収入が保障される「官僚制」ができあがった。こうした体制ができれば、無能な経営者でも企業を潰すことがなくなるが、どんどん国際競争力を失っていくのは当然なのである。この滅びの仕組みを壊さない限り、日本の未来はない。

第5章

ディストピアから脱する道

――裏金を提供する者のためでなく困っている者のための政治へ

第1節　政権交代が必須

裏金国家を壊すには

裏金国家の仕組みを徹底的に壊さないと、日本経済の衰退は止まらない。政権交代がなければ、それはかなわないだろう。

坂本龍馬が姉への手紙に書いた「日本を今一度せんたくいたし申候」という言葉を想起しよう。坂本龍馬は徳川幕府260年を終わらせようと、前土佐藩主の山内容堂に船中八策を具申したと言われている。自民党政治を葬り、国民の望みを実現する新たな政権交代を目指すために最低限やらなければならない改革を「令和船中八策」になぞらえるとしたら、どうなるであろうか。次のようになるのではないか。

【令和船中八策1：政府と国会議員の不正腐敗を一掃する】

国会に第三者委員会を設置して裏金問題を徹底的に調査して法的責任を明確にする。連座制導入、企業団体献金の禁止、政策活動費の廃止など政治資金規正法の再改正を行う。

森友文書改ざんと日本学術会議任命拒否過程の公開も実施する。

【令和船中八策2：エネルギー独占企業を解体して円安インフレから生活を守る】

円安インフレが止まらない。石油元売りや電力大手はエネルギー補助金でボロ儲け。トリガー条項を時限的に発動したうえで、石油元売りの独占と電力大手の地域独占を厳しく規制すべきである。他方で、消費増税を使った法人税減税を元に戻して本来の社会保障に使う。同時に、賃上げする中小企業を優遇し、賃上げしない大手企業の内部留保に課税し、非正規雇用への大幅賃上げを支援する。

【令和船中八策3：軍事国家ではなくイノベーティブ福祉国家を目指そう】

防衛費を含めて聖域なしに予算歳出を組み替えて、給食費無償化から大学授業料軽減まで教育費の負担を軽減するとともに、大学の自治を回復させて科学技術予算を増やす。そして少子化対策としても教育や医療や住宅のベーシックサービスを充実させる。

【令和船中八策4：エネルギー転換を進める】

政府のGXの成長戦略は世界的に進んでいるエネルギー転換を遅らせるだけである。福島第一原発が廃炉できない現実と正面から向き合い、世界的に見てコストが非常に高い原発を60年超えで運転させる愚かな政策をただちに止めるべきである。原発は国有化するとともに、発送電の所有権分離を進め、自然エネルギーと蓄電池とスマートグリッドを爆発的に拡大させる。

【令和船中八策5：デジタル敗戦から立ち上がる】

政府のDXはデジタル敗戦を強めるだけだ。このままではGAFAMに負け続け、膨大なデジタル赤字を抱えてしまう。まず欠陥カードのマイナ保険証の強制と多数の紐付けを止めさせる。そして政治献金を出すJ－LIS（地方公共団体情報システム機構）を解体し、IT知識を持つデジタル大臣を任命し、新しく新興企業に門戸を開き、一つひとつ丁寧なプログラムを作り直していく。

【令和船中八策6：エネルギーと食料の自給を強める】

貿易赤字が定着する中、科学技術や人への投資が不可欠だが、効果が出るのに時間がかかる。エネルギーと食料の自給率を高めて、輸入を大幅に減らすことが必要である。そのためにエネルギー転換を軸に地域分散ネットワーク型経済に転換し、食品加工を振興し、病院や高校の維持など地域政策を推進して地域崩壊を食い止めていく。

【令和船中八策7：人口減少を止めるには女性を主人公にする社会を創る】

自民党を下野させ、旧統一教会の呪縛を取り除いて女性を主人公にする社会に変えることが必要である。少子化を防ぐには、人手不足の中、女性の正社員化を進めながら、教育費負担を軽減し、子育て世帯の家賃補助を行い、育児休暇や保育サービスの充実など子育てできる環境を整えることが不可欠である。

【令和船中八策8：若者議会を創設する】

少子高齢化は若者を少数派にする。いま若い人にチャンスを与えないと、永遠に新陳代謝の機会が失われてしまう。実際、地球温暖化問題や少子化問題の負担を最も負うのは若者だ。未来に生きる「若者議会」（仮）を招集し、一定の予算枠をもうけて若者の意思決定で政策を決めていく大胆な制度導入を行っていく。

あらかじめ誤解を避けるために、「令和船中八策」と言っても日本維新の会の「政策」とはまったく関係がないことは一言ことわっておかねばならない。日本維新の会は、大阪市役所の窓口は竹中平蔵会長下のパソナ経由で非正規雇用だらけにする「新自由主義」的な雇用政策、「身を切る改革」とはまったく逆の税金たかりの大阪万博、大阪都構想や万博カジノのようなイベント資本主義しか産業政策がないなど、間違った「政策」によって、大阪経済どころか日本経済をも衰退させかねないからである。

では、「令和船中八策」を一つひとつもう少し敷衍してみよう。

政権交代なしに裏金問題解決なし

自民党が裏金問題の実態解明をあくまでも拒否するのは、「裏金」が自民党による地域支配の独占にとって不可欠な手段となっているからである。世襲議員は政策形成能力が著しく劣化しているために、裏金を地元の地方議員にばらまき、強固な利益共同体を作ることが不可欠になる。

第2章で述べたように、岸田政権は裏金問題の実態解明についても政治資金規正法の改正についてもほぼゼロ回答であった。政倫審ではごく少数の議員しか出てこず、出席した安倍派幹部も「知らなかった」の連発で証人喚問もなかった。自民党の内輪の甘い「処分」であって、客観的基準もない茶番劇であった。派閥の長でありながら、岸田文雄首相も二階俊博元幹事長もおとがめなしであった。裏金の使い道や内容を問わず、500万円以上が党内処分を受ける基準というのも極めて恣意的だった。過去の例を見る限り、離党勧告も資格停止も役職停止も一時的で、ほとぼりがさめれば元通りになるだろう。自公維新の政治資金規正法改正では、企業団体献金禁止はなく、連座制もなく議員の確認書も実効性はなく、少なくとも4000万円までまったくの野放し状態である。政策活動費も10年後公開では規正法違反も脱税も問えず、しかも領収書の明細の公開もない。いずれも納税義務を負っている一般国民との違いがあまりに大きく、納得できるものではない。

法律に違反し脱税している95人もの国会議員が法律を決め、予算案を決め、憲法さえ変えるという事態は、民主主義国家の崩壊を意味している。裏金国家から脱して民主主義国家として再建するには、政権交代できる国になることが必須である。

政権交代したうえで、国会で弁護士、会計士、税理士らを中心にした第三者委員会を設置し、国政調査権を使い、必要ならば、証人喚問を実施すべきである。時効の壁があるとはいえ、法律違反は全国民の前に洗いざらいさらして行くことが最大の再発防止策になるだろう。それができなければ、この国の正義は死ぬだろう。そのうえで、政治資金規正法を再度改正し、連座制の導入、企業団体献金の禁止、政策活動費の廃止、違反する場合は政党交付金を減額するべきである。

さらに、この国の公正なルールと民主主義的諸制度の再建のためには、安倍政権が作り上げた「2015年体制」そのもの、「裏金国家」の根幹を破壊し尽くさなければならない。この場合、過去を水に流すことは絶対にできない。その意味では、森友問題や加計問題や「桜を見る会」の再調査を行うべきである。少なくとも近畿財務局の赤木俊夫さんが自死した事態を真剣に問い直すという意味で、森友問題の公文書改ざんの過程を公開すべきである。さらに世耕元経産大臣時代に隠蔽されたペジーコンピューティングの補助金詐欺を問い直し、未返済補助金の返還を求めるべきである。

「2015年体制」から脱却するには以下が必要である。第1に、忖度官僚を大量生産してきた内閣人事局のトップから警察官僚を外す。内閣人事局が所掌する範囲をトップ官僚だけに制限する一方で、官僚の天下りを再び規制強化する。第2に、「2015年体制」の下でメディア介入が生じた「放送法解釈変更」を見直すとともに、NHK会長人事への介入を止める。第3に、日本学術会議の任命拒否過程を公開し、任命拒否された6人の任命拒否を撤回すべきである。改正学校基本法と改正国立大学法人法を廃止して元に戻し、大学ファンドの見直しをして、大学と科学者の自治の復権とともに、大学予算と科学技術予算の回復と研究費配分の公正化を図るべきである。

そして最後に、世襲議員の地盤（組織力）、看板（知名度）、かばん（資金力）を規制すべきである。2022年7月に安倍晋三元首相が死去した後に、安倍元首相の政治団体の政治資金計約2億1400万円を、妻の安倍昭恵が非課税で継承した。少なくとも政治資金規正法において、国会議員が引退または死亡した時、政治団体や政治資金を親族に引き継ぐことを禁止すべきだろう。さらに地盤や看板についても、少なくとも三代目以降の世襲議員の同じ選挙区での立候補を禁止し、現職以外については二世議員も同じ選挙区での立候補は禁止すべきである。つまり現職の二世議員もいったん落選すれば同じ選挙区では立候補できなくなる。

第2節　円安インフレと格差拡大を防ぐ

格差拡大の深刻さ

１９９０年以降、当初所得のジニ係数は増加している。再分配後のジニ係数もいったん低下した後に最近は再び増加している。しかも、実質賃金がずっと下落し続け、生活がひとつも楽にならない中で、格差が拡大しているのである。実際、１９９７年の金融危機以降、名目賃金がほとんど増えず、実質賃金が減っている。図14が示すように、G７諸国（カナダを除く）のうち日本だけが実質賃金が上がっていない。この図では２０２０年でやや上昇して終わっているが、その後を見れば、２０２４年5月の実質賃金は▲１・４％で、26ヵ月間マイナスを続けている。

貧困も増加している。図15が示すように、生活保護受給世帯数の増加が止まっていない。日本の生活保護制度は行き止まりの最後のセーフティネットである。申請主義で窓口では水際作戦であれこれ理由をつけて受け付けない。その結果、受給者は無年金者になったり病気になったり独居になったりした高齢者の割合が圧倒的に高い。高齢者とくに女性の単

図14　G7諸国（カナダを除く）の実質賃金の動向

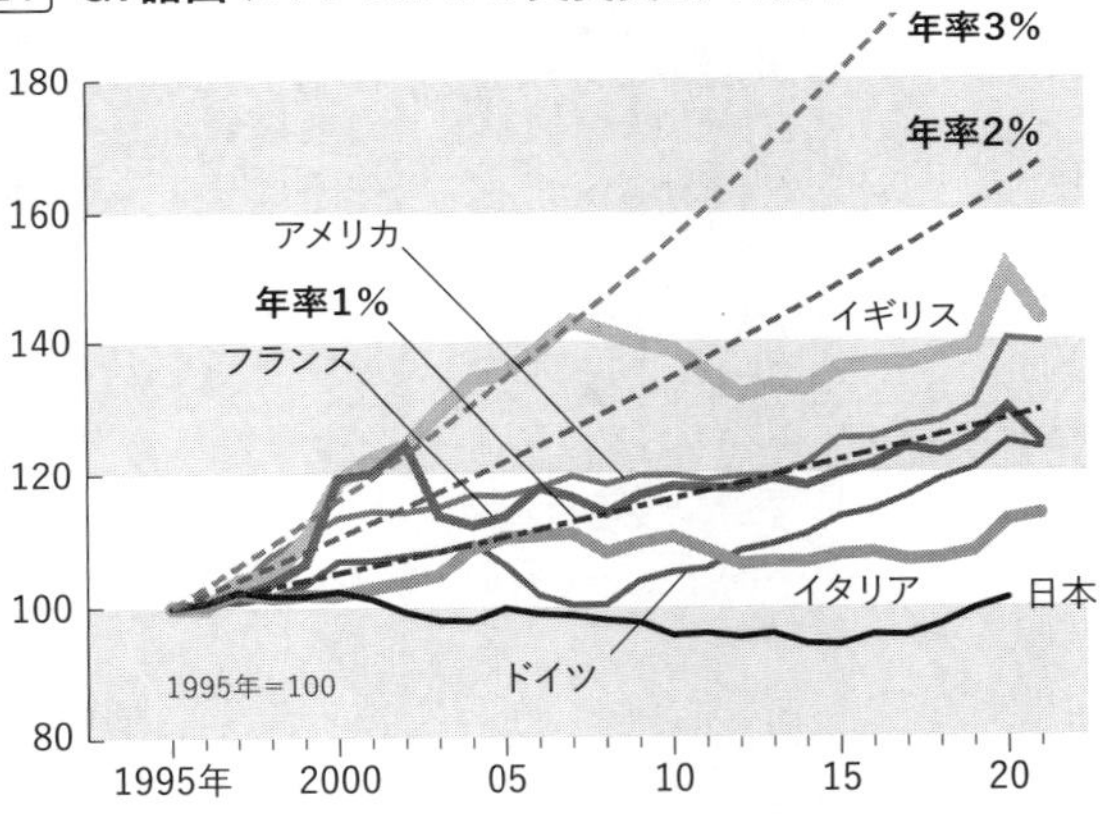

出所：厚生労働省「経済指標の国際比較」

図15　生活保護受給世帯数の推移（年次データ）

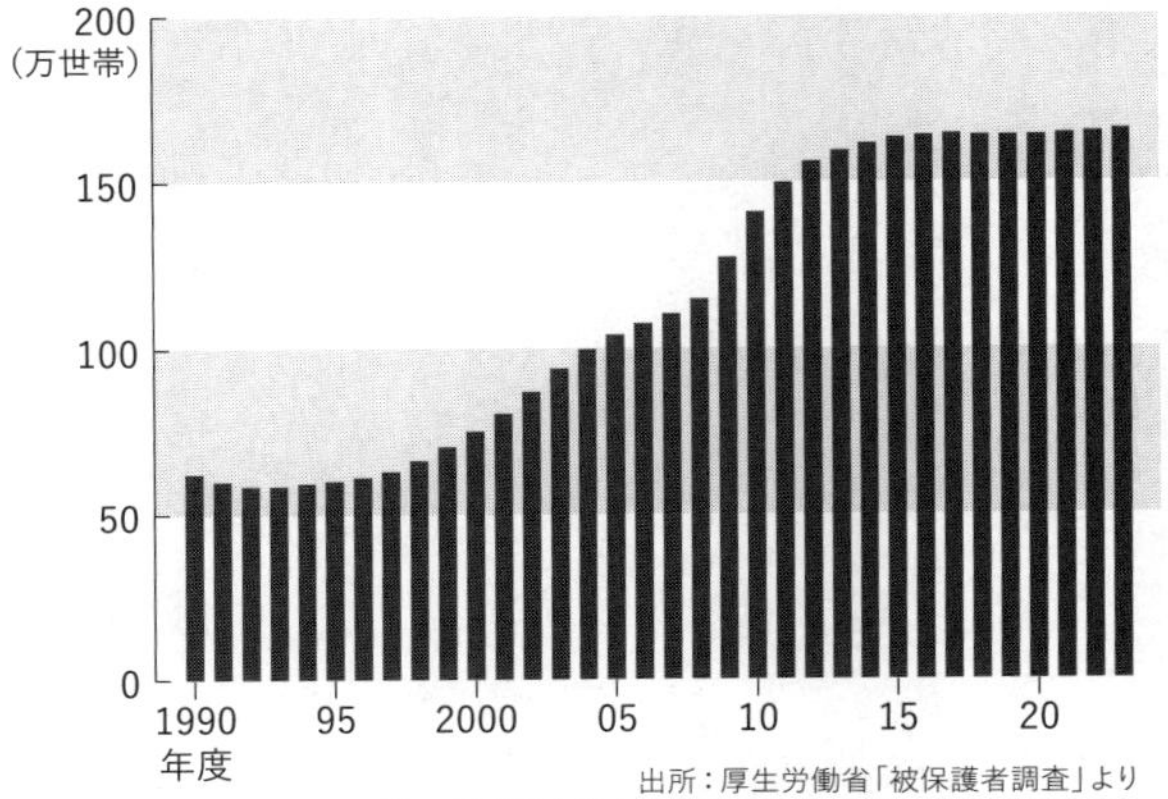

出所：厚生労働省「被保護者調査」より
（なお平成23年度〔=2011年度〕までは「福祉行政報告例」）

表12 大学授業料と入学金

	国立大学		私立大学	
	授業料	入学金	授業料	入学金
1975年	36,000円	50,000円	182,677円	95,584円
1985年	252,000円	120,000円	475,325円	235,769円
1997年	469,200円	270,000円	757,158円	288,471円
2005年	535,800円	282,000円	830,583円	280,033円
2015年	535,800円	282,000円	868,447円	256,069円
2021年	535,800円	282,000円	930,943円	245,951円

出所：文部科学省「国公私立大学の授業料等の推移」

身者の貧困が深刻になっているのである。

こうした状況で、とくに未来の世代において、教育費の上昇が起きているために格差が固定化する傾向を生んでいる。実際、大学授業料と入学金の推移を見ると、表12で見るように私立大学では授業料がずっと上がっており、いまや平均でも90万円台になっている。私立大学理系だと、高校から大学まで教育費が1000万円を超えているという調査もある（日本政策金融公庫の令和3年度「教育費負担の実態調査」2021年12月20日）。実質所得も伸びない中で格差が拡大しており、多くの子どもは貸与型の奨学金を受けなければ大学に進学ができない。しかも奨学金地獄と言われるように、在学中もバイトに明け暮れ、卒業後に就職がうまくいかなければ、たちまち返済ができず、貧困に陥ってしまうのである。この問題は第5節でもう一度取り上げてみたい。

物価対策の基本は何か

インフレ下で生活を守るには、3つの政策がありうる。第1は、最も物価上昇の原因になっているエネルギー価格をどう抑制するのかというエネルギー政策。第2は、円安インフレをもたらしているアベノミクス（それを理論的に支えてきたリフレ派とMMT）の根本的誤りをどう正すのかという問題。第3は、どうやって賃金を上げていくのかという賃金政策、という3つの領域である。

まず第1の問題は、第4章第2節で論じたように、独占を規制して庶民の生活防衛を図ることが基本である。石油元売り企業や大手電力会社といった独占企業に補助金を出す政策は極めて特異であり、国際常識では燃料税の一時的軽減が物価対策である。裏金議員の萩生田光一元経産大臣は、3社の寡占状態である石油元売り企業にガソリン補助金を出し、在庫評価益を完全に保証して、価格変動リスクを消費者に転嫁する政策をとった。だが、本来ならば、一時的にでもトリガー条項を発動した（1リットル25円分引き下げ）うえで、寡占企業がガソリン税軽減を横取りしないように、公取委の機能回復と超過利潤課税をとらなければならない。

電力補助金も、地域独占を確保するのに血道をあげている大手電力会社に未曾有の利益をもたらしている。そのために、安全性もなく高コストの原発の60年超え運転を追求している。それによって、再エネと蓄電池とスマートグリッドというエネルギー転換を妨げている。大手電力の地域独占を解体し、独占を規制するとともに、エネルギー転換を進めていくために、発送電の所有権分離が急務になっている。

第2のマクロ政策については、アベノミクスの失敗があまりに大きい。デフレ脱却に失敗して10年間もアベノミクスを続けたために抜け出られなくなるうちに、新型コロナウイルスの流行とロシアのウクライナ侵略によって一転してインフレになったために、インフレなのにインフレ政策を続けている。急速に出口政策をとることはできないが、第3章で述べたように、いまや円安インフレと防衛費膨張の悪循環を生んでいる。いまは防衛費を聖域とせずに、歳出の見直しを徹底的に進め、社会保障費や教育費へ転換を図っていくことが必要となる。

リフレ派やMMTは、防衛費膨張を促進しながら、円安インフレで経団連企業を儲けさせ、中小零細企業や非正規労働者を苦しめているが、自らの理論的破綻に口を閉ざしている。それどころか、一部は無責任に消費税廃止を主張している。先述したように、アベノミクスの破綻によっていまや日本経済は投機マネーのターゲットになっており、実際に大幅減税を主張する野党が政権をとったら、2022年9~10月のイギリスのトラス政権が大型減税を打ち出してポンドとイギリス国債の投げ売りによって44日で崩壊した前例を繰り返すことになるだろう。

第3は賃金政策である。前述したように、円安インフレは、〈ドル圏〉で取引する大企業を儲けさせ、〈円圏〉で取引する中小零細企業を苦しくするがゆえに、大企業と中小零細企業の間で賃上げ格差を生じさせる。そのうえで、正規労働者と非正規労働者の間でも賃上げ格差を拡大させる。その結果、実質賃金が2年以上も下がり続けている。

こうした状況を改善するために、円安インフレを抑える一方、賃金格差を縮小するしかない。円安インフレと防衛費膨張の悪循環を断ち切る政策は次節で述べるとして、現状の市場の動向と企業行動を前提にするかぎり、中小零細企業の労働者、とりわけ非正規雇用者の賃金を上げるのは簡単ではない。何らかの公的な介入が不可欠になる。

(1)円安と法人税減税で膨大な利益を上げている大企業は賃金に配分せず、内部留保ばかりため込んでいる。大規模法人への企業課税で中小企業の賃上げや最低賃金引き上げを補助する再分配が必要だろう。そもそも消費税率10％への引き上げは社会保障に配分するはずだったのに、法人税減税に流用されてしまったが、それを元に戻すのである。
（2）低賃金と高齢化で人手不足が深刻な介護労働者、とくに訪問介護ヘルパーに対して、マイナス改定となった介護報酬を見直して、引き上げていくことが必要だ。同様に、送り迎え保育と保育士の賃上げも必要である。
（3）非正規雇用の女性を正規化する中小企業への税制上の優遇措置か補助制度が必要である。
（4）聖域なき歳出の見直しと以前の水準に法人税率を戻し、金持ちへの増税などで、子育て世帯への家賃補助と教育費負担といったベーシックサービスの拡充を図ることで生活格差を是正することが大事である。

だが、大きな問題として日本の産業衰退を止めない限り、中長期的な賃金低下を防げず、少子化も止まらない。ところが、政府は進んだ産業への転職移動を通じて賃上げを図るという「構造的賃上げ」を掲げている。

「構造的賃上げ」とは、

①　リスキリング（新しい産業の知識や技能の学び直し）を進める
②　ジョブ型と自称する「日本型職務給の導入」を目指す
③　成長分野への円滑な労働移動を促す

といった政策を指している。つまり生産性の高い新たな分野に労働移動を促すことによって、賃金を上げていく政策である。

しかし、第4章で述べたように、裏金を含む政治献金で形成される日本型オリガルヒ経済は、経団連に群がる古い重化学工業企業を救済する国家事業に依存して、先端産業分野での遅れを加速させている。産業衰退を止めないまま、「構造的賃上げ」を行うと、ただのリストラ政策になる。しかもそのマイナス効果は長期にわたる。２０２４年の春闘の初任給ベースアップシステムは、重厚長大の古い経団連企業が、若い人材を集める仕組みになっている。他方で、中堅の研究職のリストラが横行している。たとえば、武田薬品に続いてアステラスも40～50代社員を大量首斬りで阿鼻叫喚の世界となっている。これでは時代遅れになった経団連企業の総労務費を削減しながら、若い労働力を遅れた企業にしばりつけ、産業衰退を加速させてしまうだろう。

次節で述べるように、いまの政府のＧＸやＤＸはそうした事態を悪化させるだけである。

知識集約産業への移行を進めるためには、研究職や対人サービスへと雇用人口を増やしていく必要があるが、大学や科学者の自治を壊し、科学技術予算を削減する政府のやり方を続けるかぎり、ますます知識集約産業への移行を困難にし、産業を衰退させるだけである。

第3節　防衛費膨張を止めてイノベーティブ福祉国家へ

「2015年体制」下のアベノミクスと日本型オリガルヒ経済を根本的に転換するには、まず円安インフレと防衛費膨張の悪循環を断ち切り、まったく間違っている政府のGXとDXを根本的に転換し、裏金や政治献金を提供する者から本当に困っている者たちのための政治に戻すことが必要である。そして同時に、未来の投資に結びつくものへと予算と税制を組み替えることである。

安倍政権以降の自公政権は歴史修正主義に基づいて「新しい戦前」に向かっているが、その先は経済破綻でしかない。私たちが念頭に置くべきは、教育を重視して知識集約型産業を促進するイノベーションに積極的でありながら、同時に高い社会保障の水準を維持する「イノベーティブ福祉国家」（倉地真太郎明治大学准教授）であろう。

税制と予算の組み替え

今の岸田＝植田体制は、防衛費倍増を最優先にし、そのためにインフレ大規模予算を組み、それを金融緩和で支え、円安インフレの下で賃金も資産も格差を拡大させる。前にも述べたように、財務省は、事実上「インフレ課税」路線をとっている。インフレ課税とは、インフレで財政赤字を目減りさせる政策をさす。さらに言えば、円安インフレの下で、税率を上げなくても消費税や所得税や法人税などの実質増収を図ることができる。

ところが、円安インフレがアメリカ製兵器の輸入価格を上昇させ、円安インフレと防衛費膨張の悪循環が起きている。戦車やミサイルを購入すれば、形式上、GDPの「投資」にカウントされる。防衛費倍増は見せかけのGDPを増やすが、同時に財政赤字を突出して作り出す。そのために、投機筋からの円売り、国債売りの圧力をうけて、ずるずると日銀は小出しにアベノミクスから「正常化」をしているふりをしているが、結局は、円安インフレを止められていない。その結果、実質賃金が低下しつつ格差が拡大するというように、岸田政権が当初打ち出していた分配重視の「新しい資本主義」とは真逆になってしまった。

第3章で述べたように、防衛費膨張政策は、後年度負担、予備費、基金という国家的な「裏金作り」で調達しており、憲法の基本である財政民主主義を破壊している。2022年度は予備費を11・76兆円も膨らませて、インフレ予算を組むことで主要な税の自然増収を3・6兆円（法人税が1兆2970億円、消費税が1兆1907億円、所得税が1兆1395

億円など）生じさせ、それを予備費と混ぜ込んで、11・3兆円という過去最大の不用額を作り出した。その結果、基礎的財政収支の赤字が深刻なのにもかかわらず、2・6兆円もの決算剰余金を作り出したのである。

2023年度には、外為特会から、円安によってアメリカ国債の収入が6408億円増えた分を含めて1・2兆円を捻出した。2024年度では152基金、200事業を点検し、15事業を廃止し、約5400億円を国庫に返納させて防衛費に充当させている。こうした憲法上の財政民主主義を無視した極めて「変則的」な財源調達を止めさせなければならない。もともとアメリカの要求ではないのに、岸田政権が政権を維持するために防衛費倍増政策を推進してきた。もしトランプが米大統領になれば、交渉は大変になるが、防衛費を削減することは必須である。

そのうえで、基金の廃止削減を含めて、公共事業など予算の組み替えによって少子化対策、教育、科学技術などに支出を増やさなければならない。

他方、税制の見直しも必要である。消費税増税は基礎年金の3分の1を補填するのに使われたが、社会保障には使われず、法人税の減税にあてられていった。しかもその結果、大企業は内部留保の累積傾向が生じたが、研究開発投資や労働分配率の向上にあてられず、自社株買いなど株主還元に使われてしまった。むしろ逆である。法人税も所得税も所得再分配的観点から課税を強化しなければならない。

未来を生み出す真のGXとDXを

産業衰退を加速させながら、国家に吸い付いて生きのびていこうとする仕組みが「2015年体制」下の日本型オリガルヒ経済の本質的特徴である。防衛費膨張政策に加え、原発60年超運転を軸にした政府GX、マイナ保険証に代表される政府DXなどがその代表である。それは遅れた経団連企業を救済する無駄な巨大国家事業であり、全国民を犠牲にして自らだけは肥え太っていこうとする政策である。その実行のためには民主主義的諸制度をも破壊することもいとわない。それゆえ、裏金国家の下で、遅れた重化学工業を代表する経団連企業の政治献金と忖度官僚の天下りによって行われてきた誤ったこれらの経済政策を一つひとつ覆していかなければ、この国の経済衰退は止まらないだろう。

第4章第2節および第3節で述べたように、電力会社の地域独占を改革するには、現行の発送電の法的分離に代えて、発送電の所有権分離によって、送電施設は全国民の共有資産とすると同時に、発電は完全に自由化して、再エネへも平等なアクセス権を保障していかなければならない。その際、原発は国有化し、電力会社から切り離し、漸次廃炉にしていくのは当然だろう。そうしないならば、時代遅れで高コストの原発に対する国の補助を全面的に切り、再エネ支援へ振り向けるべきだろう。

再エネと蓄電池とIoTによるスマートグリッドというエネルギー転換の基本に立ち返るべきだろう。さしあたり、オンサイトPPAなど建物・住宅の自給を推進することが必要だろう。そうすることで、地域分散型ネットワーク経済に徐々に転換していきながら、すそ野の広い経済構造を作るとともに、地域における投資主導の経済再生を目指すのである。それには、後述する地域の医療DXを促進するとともに、農業の再生が不可欠になる。

一方、「裏金国家」の政府DXの間違いをどのように正していくのか？

マイナ保険証は基本設計が間違っている。政治献金で結びついた政治家や経済界は、個人情報保護の観点がないまま多数の紐付けをして全国民の情報をかき集めようとする。こういう発想自体がおかしい。その結果、政治献金を出した技術的に遅れた日本のITゼネコンを救済するのに、膨大な税金をつぎ込んで、利便性もセキュリティもない欠陥カードを全国民に強制しているという不条理が起きている。

もはや「裏金国家」を体現するJ－LIS（地方公共団体情報システム機構）の解体的出

直しは不可避であり、IT知識を持つデジタル大臣の下で、開かれた競争システムを採用すべきであろう。むしろ保険証廃止を取りやめ、クラウドの下でスマートフォンにアプリにして入れ、多数の紐付けを止め、独自のOS（オペレーティング・システム）で一つひとつ丁寧なシステムを組んでいくことである。利便性があれば、徐々に普及していくだろう。

では、真の医療DXとは何か？　前にも述べたように、地域単位で、誰が医療・薬データにアクセスしたかを知る権利を保障したうえで、中核病院、診療所、高齢者施設、訪問看護・介護、薬局などでネットワークを組み、訪問看護・介護で在宅医療を結びつける仕組みを作る。ブロードバンドを確保して、健康データを測定するデバイスを作り、日常的に健康を自己管理できる仕組みを作るのである。と同時に、がんセンターなどの医療機関が個人情報を徹底的に保護しつつ医療情報を集約して医薬品開発に活用できるようにする。

もちろん、この科学技術の衰退は、政府の大学政策の間違いが大きな要因になっている。大学の衰弱もひどい。2004年の国立大学の「独立行政法人」化と大学運営交付金の年1％の削減が続いたことが大きい。大量のポスドク（博士号を持ちながら有期雇用の研究者）を生み出す一方で、大学予算の削減で地方国立大学では若手の人事もままならない状況が起きている。そこに年金改革に伴う団塊の世代の定年延長が重なった。そして若手は海外留学もできない状況に陥ったのである。

その間に、政府・財界は大学の自治への介入を行い、ますます科学技術の衰退を加速させた。先述したように、2015年の学校教育法改正では教授会の権限を剥奪し、学長の権限を強化した。2024年の国立大学法人法改正では、中期計画や予算などを決定する「運営方針会議」の設置を義務づけた。運営方針会議は学長と3人以上の委員から構成し、学長の選考や解任に関して「学長選考・監察会議」に意見できる。委員は文科大臣の承認を得て学長が任命する。その間に日本学術会議会員候補6人の任命拒否が起きた。大学の自治、科学者の自治は政府の不当な介入によって瀕死の状態になっている。「2015年体制」の下で能力の劣化した世襲政治家や経営者たちが、「裏金国家」を作って生きのびようとすればするほど、大学への関与を強めれば強めるほど、日本の科学技術の衰退は加速する。

実際、技術的に遅れた裏金・政治献金企業の救済のために、大学DXの「誘導」でもマイナンバーカードと同じような問題が起きかけている。世界では、いまやGAFAMは生成AI、先端的半導体（CPUからGPUへ）、クラウドと大規模データセンターが三位一体となって、情報通信技術を大きく進歩させているが、日本のITゼネコンはまったくついていけないままだ。生成ＡＩは雇用のあり方を大きく変えるだろう。たとえば、コールセンターの雇用は生成ＡＩに取って代わられていくだろう。古い産業構造を前提にした職業高校や大学は対応できなくなっていく。情報科学の先端的分野の開発だけでなく、高校や大学での情報科学の基礎教育が弱い状況では、まったく対応できなくなっていく。こうした事態を食い止めなければ、日本経済は滅びを加速させるだろう。

第4節　地方衰退を食い止める

農業も農村も崩壊が止まらない

アベノミクスと日本版オリガルヒ経済は先端産業で次々と後れを取ってきたために貿易赤字を定着させてしまった。これまで述べてきた先端産業の衰退を食い止める政策は、その効果が出てくるのに時間がかかる。その間、産業衰退が進んで、貿易赤字体質が定着する中で、防衛費の膨張とともに財政赤字の増大が止まらない場合、すでに弱くなっている円も日本国債の価値ももたなくなる危険性がある。現状では、リスクを回避するにはエネルギーと食料の自給率を高めることによって、輸入を減らすことが必要になる。

2024年5月の通常国会で、食料・農業・農村基本法の見直しが行われた。1961年の農業基本法、1999年の食料・農業・農村基本法に次ぐ大きな基本法改正の動きである。ロシアのウクライナ侵略を契機に食料安全保障を確保することなどが直接の契機となっているが、政府の基本認識が間違っており、農業、農村の危機的状況を理解しているとは思えない。

図16　農林業経営体数の推移

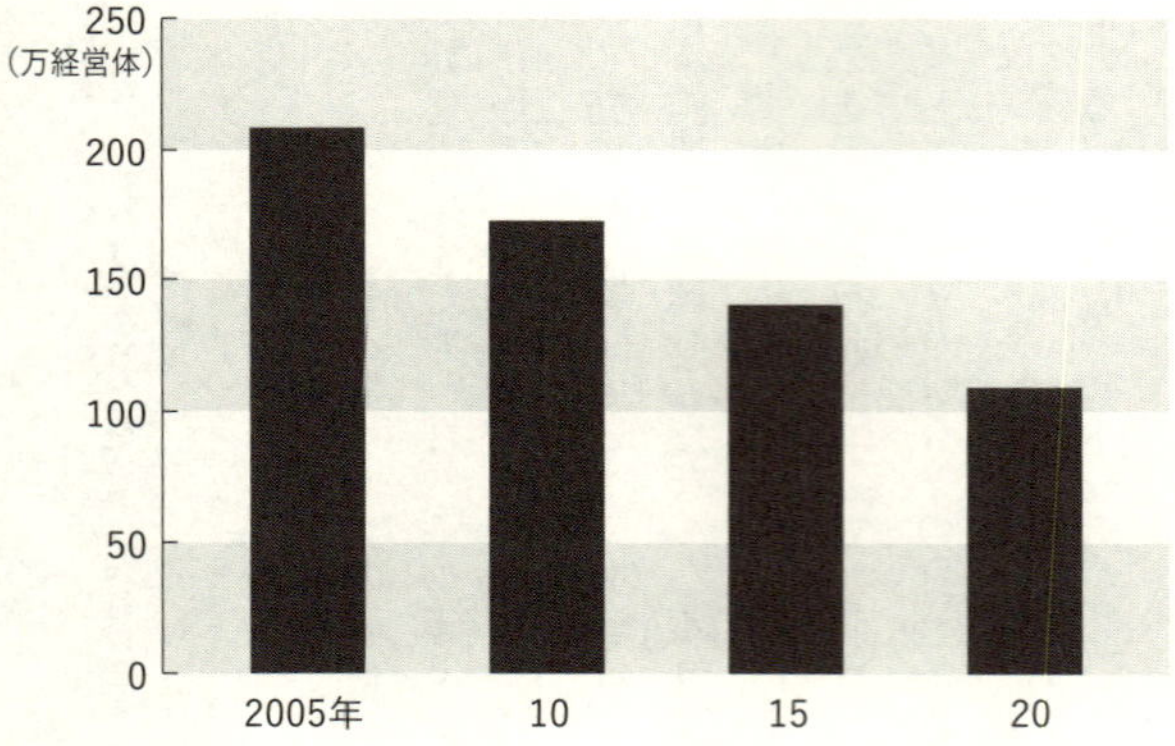

出所：農林水産省「農林業センサス」

農業と農村の衰退が激しい。図16が示すように、農林業経営体数の減り方は急激で、２００５年から２０２０年にかけて半減している。基幹的農業従事者も２００５年に２２４万１０００人だったのが、２０２０年に１３６万３０００人と約90万人も減っている。その結果、零細耕作者から農業を辞めている。

図17を見れば分かるように、５年ごとに山が低くなっていて、それは農業人口が減少していることを意味する。同時に山は痩せ細っていき、65歳以上に山が偏っていっている。このことは農業従事者の高齢化が急速に進んでいることを示している。

図18を見てみよう。２０１５年から２０

図17　年齢階層別基幹的農業従事者数

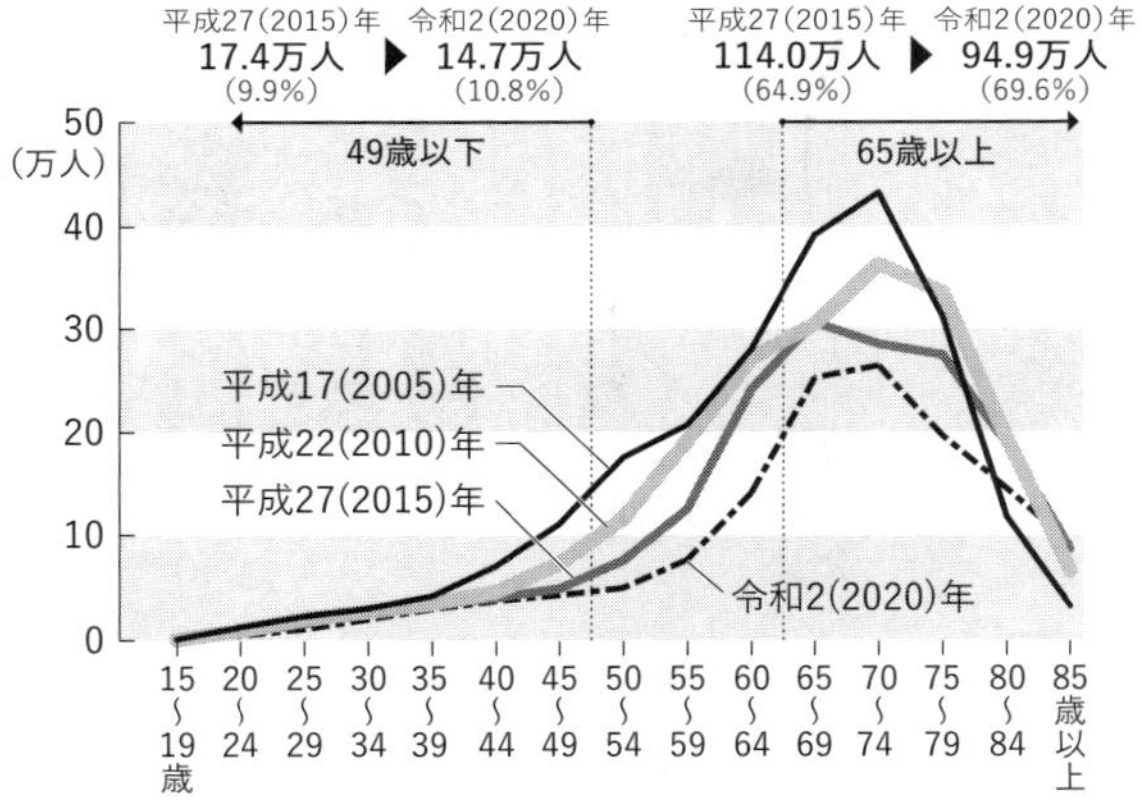

出所：農林水産省「農林業センサス」、「2010年世界農林業センサス」（組替集計）
各年2月1日時点の数値。平成17(2005)年の基幹的農業従事者数は販売農家の数値

２０年にかけて５年間で見ても、10ヘクタール未満の小規模農業者数は減り、10ヘクタール以上の農家に集約されている。この傾向は２００５年以降で見ても同じである。図17で見たように、高齢化が進んでいるので、規模拡大のために農地を購入ないし請負耕作する人も限られていく。やがて引受手がいない条件不利地から、耕作放棄地になっていく。

現状の農村地域は深刻である。図17の先を想像してみよう。ピークになっている70歳代が10年もたてば、担い手から消えていく。もはや土地の集積が進みつつも、だんだん農村が維持できなくなっていくのは明らかである。中長期的に進ん

図18　耕作規模の増減（2015年から2020年）

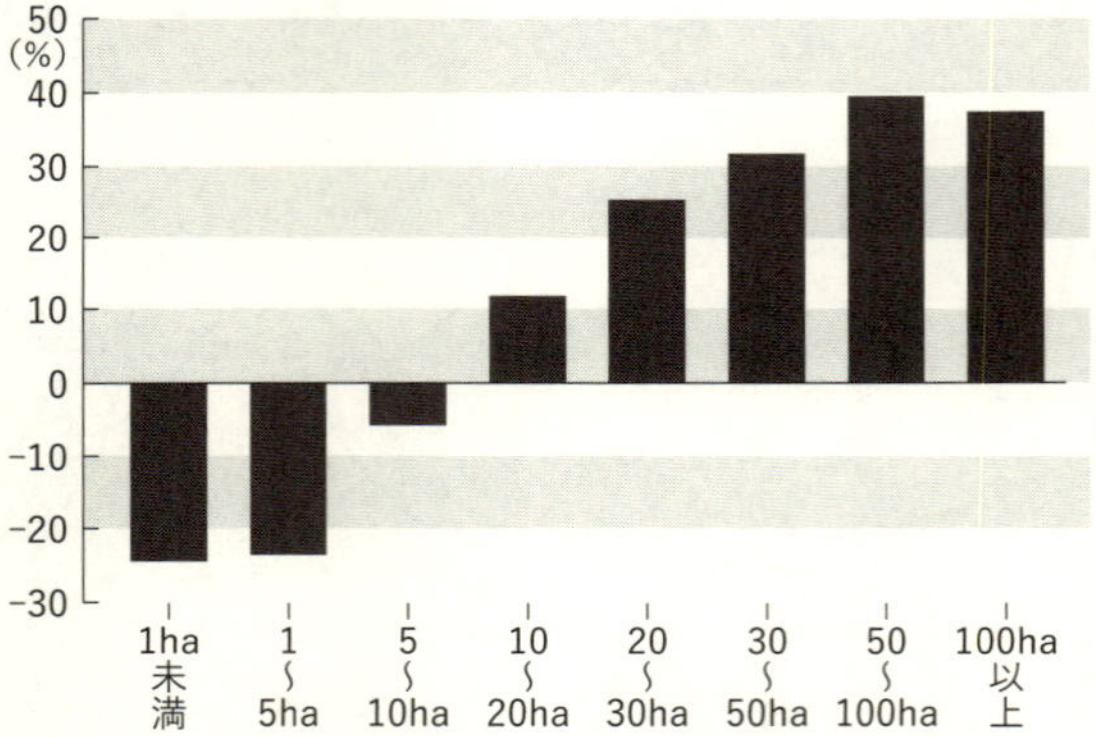

出所：農林水産省「農林業センサス」

できた農産物の自給率の低下の背後には、実は農業・農村自体の崩壊が起きているのである。

政府認識の甘さ

食料・農業・農村基本法見直しの問題は、政府・農水省の基本認識があまりに甘いことにある。ロシアのウクライナ侵略によって食料を確保するという軍事的な「安全保障」の発想は、アベノミクスがもたらした農業・農村破壊を無視しており、状況をますます深刻化させかねない。

日本経済は1997年の金融危機を契機に、「成長と拡張の時代」から「衰退と縮小の時代」へと大きく変わった。その基本認識がまったく欠けているのである。1997年以降、名目GDPの伸びも名目賃金の上昇もほぼ止まり、前節で述べたように、継続的に実質賃金が下がる時代になった。それに加えて、アベノミクスという間違った政策をとったために、デフレ経済が長引いた中、農産物価格の低迷が続いてきた。

その一方で、新型コロナウイルスの世界的流行に続くロシアのウクライナ侵略を契機に、円安インフレが急速に上昇したために、肥料、農薬、飼料、燃料費などコストが急速に上昇している。そのために、生産物の価格と投入財のコストとの間の差額はどんどん縮まり、そして逆転するケースも生じている。それが農業者をさらに退出させている。

そこに人口全体の減少が加わり、いまや農村のコミュニティさえ維持できなくなっている。ところが、政府・農水省は欧米諸国で行われた直接支払い（所得補償）制度の必要性を認めずに、基本的に市場任せの農業政策を前提にしている。単純な規模拡大論や規制緩和論者は、農業は補助金漬けで甘やかされているという農村過保護論を主張する。だが、根本的に間違っている。農業がそれほど儲かるなら、これほど農家数が激減するはずがないからである。

さらに言えば、アベノミクスの失敗が農業の衰退を加速させている。前述したように、

図19　総人口の推移

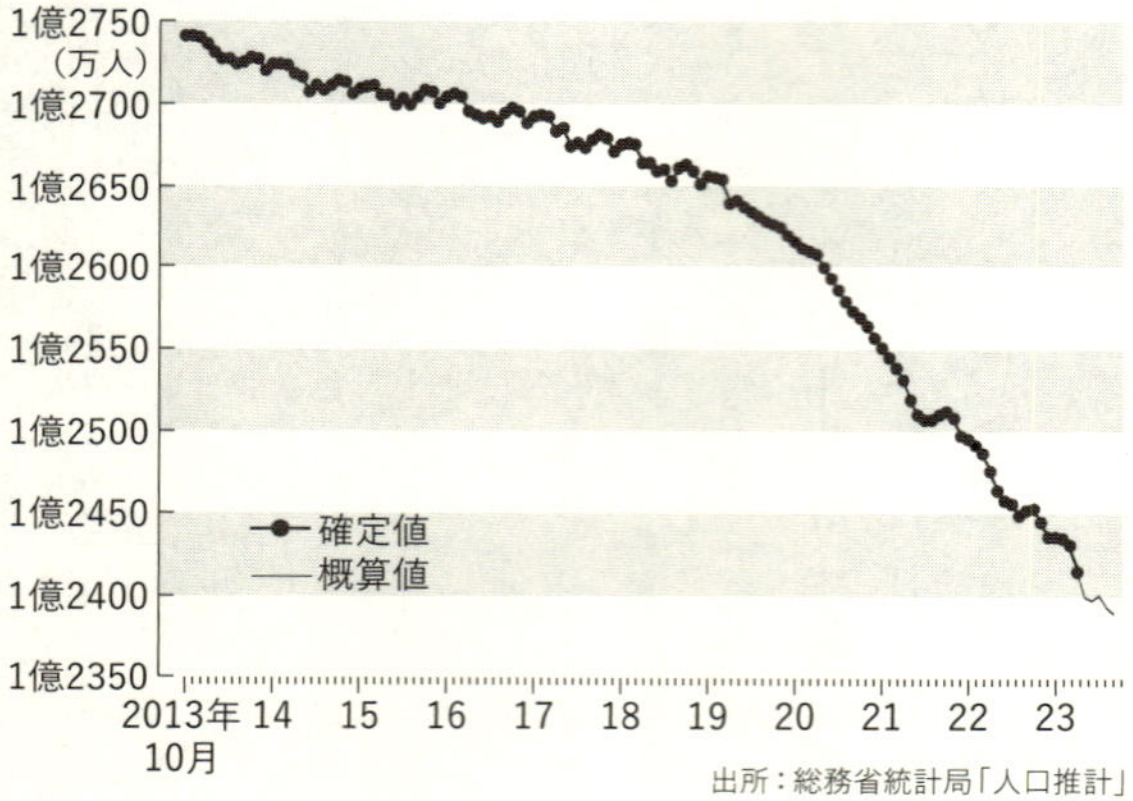

出所：総務省統計局「人口推計」

経済衰退や実質賃金の継続的な低下によって農産物の価格の低迷が引き起こされ、さらにロシアによるウクライナ侵略にともなって肥料、農薬、飼料、燃料費などの投入財価格の上昇が引き起こされている。このギャップは市場任せでは解消されず、このまま放置すれば、農業・農村の衰退をもたらす。すくなくともこのギャップを解消できるまで直接支払いが必要になってくる。

　このままの状況が続くとしたら、未来についてとても楽観的にはなれない。政府・農水省は、人口減少と世帯構成の急激な変化をほとんど考慮していないからである。総務省の人口推計（２０２３年10月１日）によれば、日本人は前年より83万７０００人

図20　世帯構成の変化

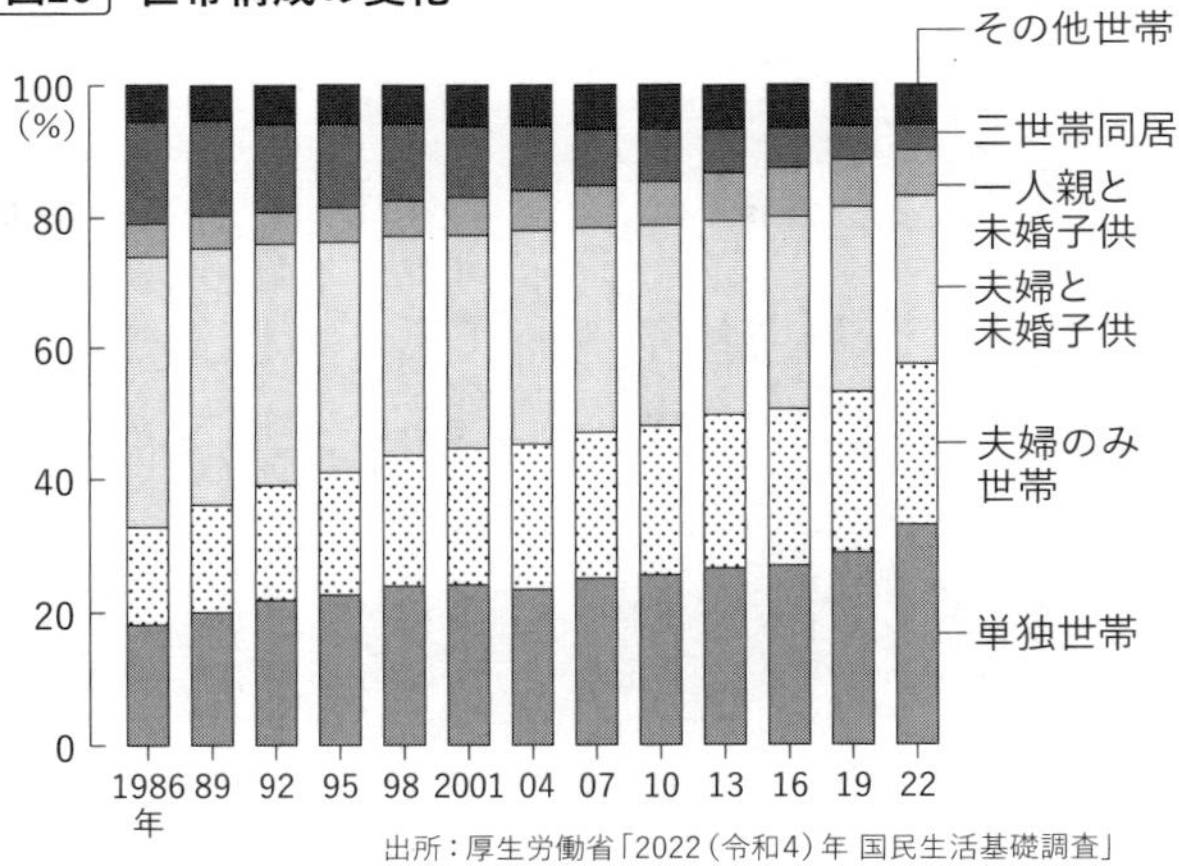

出所：厚生労働省「2022（令和4）年 国民生活基礎調査」

（外国人を含めると59万5０００人）も減り、12年連続で過去最大の減少幅を更新した（図19参照）。２０２３年の出生数は前年から5・1％も減少して75万８６３１人になり、結婚したカップル（婚姻）数は48万9２８１組と戦後初めて50万組を割った。まるでつるべ落としのような人口減少が起きている。それは農業の担い手も消費者も減ることを意味する。

さらに問題なのは世帯構成の変化にある。図20が示すように、高齢者で独居や非婚の若年世帯などの単独世帯がじわじわ増えている。加えて夫婦共稼ぎが増えている。これは、食生活を大きく変化させる。生鮮食品を買い、家庭で専業主婦が料理を作り、

図21　食の外部化の進展

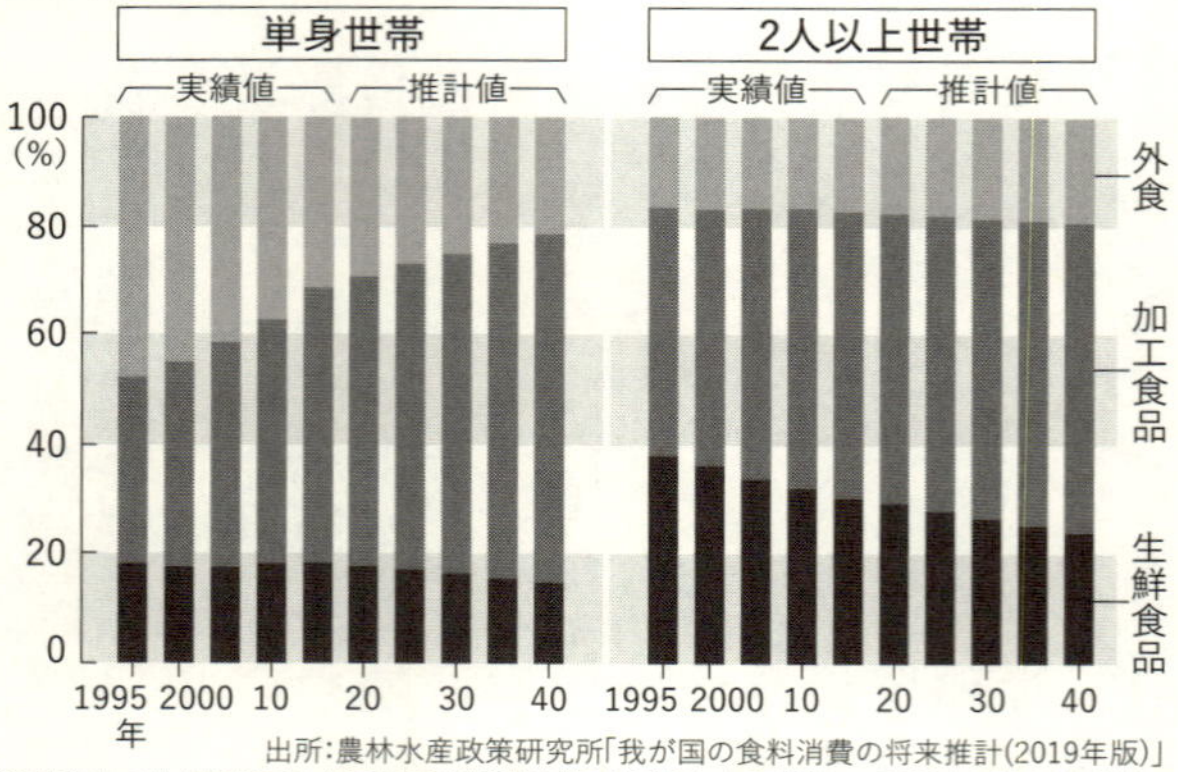

出所：農林水産政策研究所「我が国の食料消費の将来推計(2019年版)」
2015年までは、家計調査、全国消費実態調査等より計算した実績値で、2020年以降は推計値。
生鮮食品は、米、生鮮魚介、生鮮肉、牛乳、卵、生鮮野菜、生鮮果物の合計。
加工食品は、生鮮食品と外食以外の品目。

一家団欒で食卓を囲むという姿は少なくなっていく。

図21が示すように、食生活は大きく変化し、農産加工品や調理品が圧倒的に増えていく。農家は生鮮品を作っても、消費者は生鮮品よりも農産加工品を選好するようになる。この間、農産加工品は輸入原材料に依存するので、ますます自給率が低下してしまう。

農業者だけでなく、加工業者、流通業者、消費者の全体で問題を捉える武本俊彦の『食料システム論』（東方通信社）の視点が大事になる。安全性を武器にして地域農業を食品加工業の育成と結びつけるには、地方自治体の政策だけでなく、トレーサビリティと表示ルールを徹底しつつロットを確保することが大事である。たしかに、食料・農業・農村基本法見直しでは「食料システム」という言葉が出てくるようになったが、きちんとした意味では使われていないのである。

基本法見直しの論理矛盾

2024年5月29日に、参議院本会議で「食料・農業・農村基本法」改正法が成立した。食料自給の考え方が薄まり、食料安保を盾に、農産物輸入の安定的確保という考え方が入ってきた。先述したように、政府・農水省は農業・農村の急速な衰退に関して基本認識が非常に甘い。問題はそれだけではない。よく考えてみると、基本法には簡単には両立しない問題が並べられている。いくつかの論点がある。

たとえば、農業の生産性向上と農村コミュニティの維持が並列されているが、両者の間には矛盾が存在する。先に見たように、今の農村では少子高齢化と担い手不足のために農地が集約され、耕作規模がしだいに拡大してきた。これまで農水省が推進してきた規模拡大による生産性向上が行われているのである。その両立のためにスマート農業の推進と農村インフラの機能の確保が打ち出される。

しかし、大手機械メーカーによる農業機械販売と結びついたスマート農業は、機械が購入できる農業経営体しか受け入れることはできない。あるいは集落機能を活用した土地集積の調整や土地改良区による農業用水の維持があげられる。だが、それらは農村人口の減少に応じて農業を維持する手段にすぎず、農村人口の激減を防ぐ方策ではない。これでは規模拡大が困難な中山間地から消滅していかざるをえないだろう。

一方、基本法見直しでは、「みどりの食料システム戦略」で化学肥料削減や有機農業の推進が打ち出されている。だが、一部機械化でカバーできるとしても、有機農業は容易には農業経営の大規模化とは両立できない。生産性向上と脱炭素化とは簡単に両立しない。矛盾する技術はいずれ表面化する。この矛盾をどう克服するのか具体策が語られていない。

筆者の見た限りでは、雇用・教育（とくに高校）・病院がなくなると、農村人口は急速に減少していく。まず農業の大規模化以外に、新たな所得の稼得先や雇用先を作らなければいけない。「みどりの食料システム」と言いながら「食料システム」を考慮していないことが問題である。

地元の農業と関係した新たな食品加工業を創出することが必須になる。そのためには、有機農業者を組織して一定のロットを確保しつつ、同時に安全基準に基づいたトレーサビリティと表示ルールを確立しなければならない。だが、体系的な政策プログラムはない。そしてソーラーシェアリングのような再生可能エネルギーも、本格的な農家所得の手段として位置づけられていない。農家と地域が生き残るために必要な仕事と所得を確保する道について考えられていないのである。

さらに農村地域では学校や病院の統廃合が繰り返されている。とくに高校がなくなると、若者が中学校を出て故郷から離れる。病院がなくなれば、子どものいる夫婦や病気がちな高齢者が住めなくなる。学校と病院がなくなると、地域の人口はガクッと減ってくる。文科省や厚労省にも絡んでいるために、縦割り行政から農水省の基本法見直しでは、これらの問題が取り上げられていない。農村コミュニティの維持には、都道府県レベルを含めた地域定住政策が必要なのである。

第5節　いかにして少子化を食い止めるか

異次元の少子化対策

あまりに人口減少が急激なので、岸田政権は批判に応えて、2023年12月に通称「異次元の少子化対策」なる「こども未来戦略」を打ち出した。「こども未来戦略」にはたくさんの政策項目が並んでいるが、目玉としているのは次の3つだと考えられる。だが、後で述べるように、いまや女性の社会的地位の飛躍的な向上を図らないかぎり、少子化は克服できなくなっている。3つの政策を中心に、問題点を検討しておこう。

第1に目玉とされたのは、所得制限を撤廃して、児童手当の支給期間を高校生年代まで延長する政策である。すべてのこども・子育て世帯について、0歳から3歳未満は月額1万5000円、3歳から高校生までは月額1万円を給付し、つぎに第3子以降は月額3万円を給付するという内容である。

まず問題なのは、これは旧民主党政権時代に行われた所得制限抜きの子ども手当と同じだということである。それは単なる政策のパクリではすまない。自民党は旧民主党による所得制限抜きの子ども手当を「ばらまき」だと批判してきたが、その反省がまったくない。実際、自公両党の激しい攻撃の下で、2012年4月に所得制限付きの元の児童手当に戻したが、その後、少子化が一層進んでしまった。

さらに問題なのは、第3章第3節で述べたように、所得制限抜きの児童手当の拡充のための財源調達方法にある。児童手当の適用を高校生まで広げたのはよいとして、高校生に対しては児童手当拡充の見合いとして高校生に対する扶養控除を縮小する。その結果、児童手当の増加額より控除撤廃による損失額の方が上回る事例が発生している。おまけに第3子までの給付額を1万5000円から3万円に引き上げるのに必要な予算額約4兆円の財源として、健康保険料に1人当たり500円を上乗せして、残りはつなぎ国債としているのである。

それは健康保険制度を破壊する。先述したように、大企業の健康保険組合（組合健保）でさえ、2023年度の赤字は5623億円を超え、2024年度の赤字額は6578億円となる見込みである。すでに後期高齢者医療制度への支援金などが重しになっており、健康保険財政は悪化している。新たに子育て支援金の負担が加わると、保険料負担の余力を失っていく。これは事実上の「増税」であるが、子ども支援金は医療の保険料ではなく、いわば窓口負担と同じで、「国民負担率」には含まれないという奇妙な正当化がなされている。

加えて、先述したように、職業別年齢別に分立した公的医療保険制度ごとに、大きく負担率が異なっている。子ども支援金の負担金は2026年度から徴収を開始し、2028年度に満額に達するが、2028年度の被保険者1人当たり月額保険料は、中小企業の従業員らの協会けんぽでは700円、大企業の社員らからなる組合健保では平均850円、公務員の共済組合では950円、75歳以上の後期高齢者医療制度では350円、自営業者らの国民健康保険では1世帯当たり600円とばらつきが大きい。少なくとも同じ年収で保険料が一律になっておらず、非常に不合理である。しかも「1人当たり保険料負担」には保険の対象になる赤ちゃんも含まれているのである。まっとうな税源から賄うのが筋だろう。

教育費負担が重すぎる

第2の目玉は、高等教育費の負担軽減策である。具体的には、2024年度に、①授業料等減免と返済の必要のない給付型奨学金を子ども3人以上の多子世帯や私立理工農系の学生等の中間層へ対象を拡大する、②大学院修士段階における授業料後払い制度を創設する、③貸与型奨学金における毎月の返還額について減額制度の年収要件等を柔軟化するといった内容である。2025年度から多子世帯の学生等について、所得制限なく、国が定める一定額まで大学等の授業料・入学金を無償とする。

高等教育の無償化ないし負担軽減自体は悪くはない。だが、欧州において広く行われている大学学費の無償化や給付型奨学金と比べると、いかにも形だけの拡充策にすぎない。たとえば、3人以上の多子世帯でも、大学に進学しているのが1人だけではもらえず、子どもが同時に大学に進学していないと適用されない。さらに、出世払い制度（授業料後払い制度）や貸与型奨学金返還額における減額制度の年収要件等の柔軟化などは、極めて矮小で大きな効果を期待できない。

どう見ても、政府の予算の優先順位がおかしい。防衛費は世界3位になろうとするが、図13（第4章第3節）で示したように、2019年時点でOECD（経済協力開発機構）の一般政府総支出に占める公的教育支出の割合を見ると、42カ国中、日本は下から5番目になっている。経済効果を正確に計って比較することはできないが、一般的に軍事費は消耗的であり、生産に寄与する程度は低い。教育も目に見えるわけではないが、技術開発や労働者の知識や技能への寄与度が大きい。資源のない日本にとって教育は極めて重要であり、もっと政府支出を増やさなければならない。

一方、教育費を負担する側から見ると、教育費の私的負担が重すぎて、子どもを産み育てることができない。先述したように、日本では高校から私立大学の理系学部に入れると、1000万円を超える費用がかかるという調査がある（日本政策金融公庫の令和3年度「教育費負担の実態調査結果」2021年12月20日）。これでは、教育費が重く子どもを作れないだろう。以上のように、教育が持つ経済効果と教育を受ける側の経済効果という両面から見て、給食費無償化はもちろん、高校・大学まで学費無償化ないし給付型奨学金の飛躍的拡大が最優先の課題となっている。

共稼ぎしか子どもを作れない

「異次元の少子化対策」における第3の目玉となる政策は、いわゆる「年収の壁（106万円・130万円）」を意識せずに働くことができるように、短時間労働者への被用者保険（の適用拡大）、最低賃金の引き上げに引き続き取り組むというものである。

現実に、従業員が100人（2024年10月に50人に拡大）を超える企業で週20時間働く主婦・パートは、年収106万円以上になると、厚生年金と健康保険に加入するために個人も企業主も負担がふえるために、労働供給を少なくするように労働時間を抑える傾向がある。それを避けるために、労働者1人当たり最大50万円を支給する。社会保障負担の増加幅が1年目は賃金の15%で20万円、2年目は賃金の15%で20万円、3年目は賃金の18%で10万円を支給する。また労働時間の延長の時間幅に応じて30万円支給する。

一方、従業員が100人以下の中小企業では、年収130万円以上になると、国民年金・国民健康保険に加入しなければならないが、事業者が証明すれば、被扶養者認定が可能になるようにする。

しかし、これは少子化対策というより、むしろ人手不足対策として主婦・パートなどに非正規雇用の地位のままで雇い続ける労働政策ではないか。むしろ女性を本格的に正社員として雇い、夫婦共稼ぎで所得を得られるようにし、その上で子どもを産み、育てることができるようにするべきではないか。

その点を考える材料として、国立社会保障・人口問題研究所の「第16回出生動向基本調査」（2021年）が参考になる。男性は女性の経済力を重視し、女性は男性の家事分担を望む傾向を示している。実際に、未婚女性が考える「理想ライフコース」は、出産後も仕事を続ける「両立コース」が34％になり、第16回の調査で初めて最多となった。従来M字型雇用と言われていたように、出産で退社して子どもが大きくなって非正規雇用として働く「再就職コース」や「専業主婦コース」は減少している。第16回調査では「非婚就業（独身で働く）コース」「DINKs（夫婦共稼ぎで子どもなし）コース」を理想とする人も増加した。男性が自身のパートナーとなる女性に望むライフコースでも「両立コース」が39・4％に増加し、最多となったのである。

実際に、第1子の妊娠がわかった時に就業していた妻の就業継続率は、第1子出生年が2010〜14年の57・7％から第1子出生年が2015〜19年の69・5％へと上昇している。正規雇用のまま出産している割合を見ても、2002年の18・2％から2021年の43・7％へと2・4倍に増えている。

人に結婚や出産を強制することはできないし、自由に選択できる社会でなければいけない。だが、結婚や出産をしたい人たちの意志や行動を妨げてはならない。その間には微妙な問題が残っている。まず何より、なおも出産退社が強いられる企業もまだ残っており、仮に出産退社が形式上なくなっても、育児に伴ってジョブキャリアを失う可能性も残っている。その一方で、実質賃金が四半世紀も下がり続けた結果、夫婦共稼ぎでないと子どもを作れなくなっていることも事実である。少なくとも事実として出産できる世帯では共稼ぎが当たり前になっており、人手不足からも女性の正社員化が必要になっている。そのうえで、共稼ぎを前提にして出産できる仕組みを整えていくことが必須になっている。

たとえば、

① 女性の正社員化を大胆に進め、女性を正社員化した中小企業を補助する
② 男女ともに企業などの育児休暇、行政による送り迎え付き保育など保育サービスを拡充する
③ 共稼ぎが増え、貧困家庭が増えているので給食費無償化を完全に実施する
④ 子育て世帯への家賃補助を導入・拡大する
⑤ 高校・大学の授業料負担を軽減し、給付型奨学金を拡大させる。格差の固定化を防ぐためには教育費の負担をできるかぎり軽減し、教育の平等な機会均等を保障することが必要である。

若者議会を

こうした施策は少子化対策にとって大事なものであるが、そもそも経済全般が反転して

よくならないと、子どもは本格的には増えていかないだろう。これまで本書で述べてきたように、小選挙区制の下において、裏金で結びついた利益共同体が、「2015年体制」で民主主義国家を破壊しつつ、世襲議員を中心にして仲間内資本主義を形成していくかぎり、政治献金を提供する者のための政治は終わらない。それは古い経団連企業が新しい先端産業へ転換することを妨げ、本当に困った者たちを見捨てていく政治でもある。「裏金国家」をトータルに転換させるには、政権交代がある国を創ることから始めなければいけない。

若い世代が少子高齢化や地球温暖化という中長期にわたって社会を破壊する問題でもっとも犠牲を受けるのに、人口減少が続くと、若い世代はますます少数派になっていく。時とともに、若者の意見が反映されにくくなっていく。人口的に少数派になるので、その意見も無視されがちになるからである。しかも若い人たちはずっと低成長で、成功体験がなく、チャンスにめぐまれていない。10〜30代の若い世代の代表を選挙で選び、地球環境問題や少子化問題を中心に討議する「若者議会（あるいは若者代表機関）」を創設することで、人為的に新陳代謝を加速させ、何とか彼らの意見を政府や予算に反映するチャンネルを創り出すことが必要になっている。

「裏金国家」は経済が衰退すればするほど、投票率が低下しながら地域支配が強まっていく。それが人口減少にまで及ぶ時、社会を新陳代謝させる若い世代を生殺しにしていく。それがますます経済の衰退を招く。この悪循環から抜け出すには、政権交代がある民主主義社会に変えていかなければならず、それは「裏」の世界が「表」に出た今しかない。

おわりに

なぜ現在の日本の政治も経済も衰退し、民主主義が壊れかけた状態に陥っているのか。それがどういう構造を持って成り立っているのか。なぜ情報通信、エネルギー転換、ゲノム科学による医薬品、ＥＶ（電気自動車）など先端産業分野からどんどん遅れ、日本は貧しくなっていくのか。アベノミクスは政策的に破綻しているのに、なぜ抜け出られなくなっているのか。

この本は、こうした問いに答えるべく、自分なりに分析した本です。

本書の執筆中の２０２４年8月14日に、岸田首相が総裁選不出馬を表明しました。二階元幹事長の衆院選不出馬と同じです。裏金問題をうやむやにし、メディアは総裁選を競馬実況放送のごとく、レベルの低い政局報道で埋め尽くします。しかし、岸田首相が退陣したからと言って、自民党政治の本質は何ら変わりません。本書が問うたのは、自民党レジームの本質論です。

分析手法の視角から言えば、本書は政治経済学的なアプローチから日本経済の本質を見たものです。とはいえ、それは通常の政治経済学的アプローチとはかなり違っています。

これは中位の投票者が自己利益を追求する主流経済学のモデルではありません。一方、マルクス主義の階級分析でもありません。一部似ているように見えるかもしれませんが、かろうじて先進国だと考えると、開発独裁国家でのレントシーキングのモデルとも違っています。安倍元首相が歴史修正主義の立場をとっているので、一部戦前回帰に見える面もありますが、戦後を経て時代状況は大きく違っています。もちろん日本でも移民問題が存在していますが、欧米諸国における移民政策をめぐって台頭している右派ポピュリズムとも違っています。どこかで共通する面があるようで、全体を見ると、どれとも違っています。

私たちの自由を奪っているレジームは見えにくいものです。もし私たちが積極的に新しい社会を創ろうとすれば、それは私たちを支配する仕組みとして覆い被さってきます。何もしなければ、あるいは政治や経済に無関心であれば、自由が奪われていないかのように見えます。本書を通して私は、こういう見えにくい支配のメカニズムを分析したかったのです。

それを本書では「2015年体制」や「裏金国家」や「日本型オリガルヒ経済」といった用語を使って表現しました。

しかし、私の非力のせいかもしれませんが、どこかで概念装置に粗さが残っている点を率直に認めなければなりません。この時代の我々が生きている社会のありよう、もっと言えば、この国の閉塞のありようを見極めようとすると、どうしても既成概念だけでは割り切れない事実が多かったからです。

多くの読者は、小選挙区制度の下で裏金と世襲議員が作り上げる利益共同体が、やがて独特な形で民主主義的諸制度を壊していく「2015年体制」になっていくという政治分析をあまり聞いたことがないと思います。そして政治家の裏金が、やがて後年度負担や予備費や基金という政府や官僚たちの「裏金作り」に及び、それが軍事国家を既成事実化していく手段になるという分析も聞いたことがないかもしれません。それが、プーチン型権力構造と一部類似した政治献金と結びついたオリガルヒ経済になりながら、アベノミクスという誤った財源調達手段に頼らざるを得なかったがゆえに、財政金融政策の麻痺と産業の国際競争力低下をもたらして破綻する運命であるという分析も聞いたことがないでしょう。

　要するに、この本は、通説を信じる読者にはとても受け入れがたい分析なのかもしれません。しかし経済学の多くがほとんど現実を分析できなくなっていることに不満を持つ、あるいは既存の経済学に物足りないと思う、あるいは疑いを持っている読者にとって、多少とも知的な刺激を与えうるのではないかと考えています。

　いずれにせよ、本書の分析の当否は、読者の判断をあおがなければならないと思っています。こうしたチャレンジングな仕事の機会を与えてくれ、編集を担当していただいた松尾信吾さんに感謝して筆を擱きたいと思います。

2024年8月末日

金子　勝

金子　勝 かねこ・まさる
1952年東京都生まれ。経済学者。慶應義塾大学名誉教授、淑徳大学大学院客員教授。東京大学大学院経済学研究科博士課程修了。東京大学社会科学研究所助手、法政大学経済学部教授、慶應義塾大学経済学部教授などを経て、立教大学経済学研究科特任教授を歴任。専門は財政学、地方財政論、制度経済学。
著書に『平成経済 衰退の本質』(岩波新書)、『日本病 長期衰退のダイナミクス』(共著、岩波新書)、『資本主義の克服――「共有論」で社会を変える』(集英社新書)、『現代カタストロフ論　経済と生命の周期を解き明かす』(共著、岩波新書)など多数。

朝日新書
970

裏金国家《うらがねこっか》

日本を覆う「2015年体制」の呪縛

2024年9月30日第1刷発行
2024年10月20日第2刷発行

著　者　金子　勝

発行者　宇都宮健太朗
カバーデザイン　アンスガー・フォルマー　田嶋佳子
印刷所　TOPPANクロレ株式会社
発行所　朝日新聞出版
〒104-8011　東京都中央区築地5-3-2
電話　03-5541-8832（編集）
　　　03-5540-7793（販売）

Published in Japan by Asahi Shimbun Publications Inc.
ISBN 978-4-02-295278-3
定価はカバーに表示してあります。

落丁・乱丁の場合は弊社業務部(電話03-5540-7800)へご連絡ください。
送料弊社負担にてお取り替えいたします。

朝日新書

ルポ　若者流出

朝日新聞「わたしが日本を出た理由」取材班

新しい職場や教育を求め日本を出て海外へ移住する人々の流れが止まらない。低賃金、パワハラ、日本型教育、男女格差、理解を得られぬ同性婚など、閉塞した日本を出て得たものとは。当事者たちの切実な声を徹底取材した、朝日新聞の大反響連載を書籍化。

エイジング革命
250歳まで人が生きる日

早野元詞

ヒトは老化をいかに超えるか？　ヒトの寿命はいかに延びるか？　「老いない未来」が現実化する今、エイジング・クロックやエイジング・ホールマークスといった「老化を科学する」視点をわかりやすく解説する。国内外で注目を集める気鋭の生物学者が導く、寿命の進化の最前線！

損保の闇　生保の裏
ドキュメント保険業界

柴田秀並

ビッグモーター問題、カルテル疑惑、悪質勧誘、レジェンド生保レディの不正、公平性を装った代理店の手数料稼ぎ……。噴出する保険業界の問題に向き合う金融庁は何を狙い、どう動くか。当局と業界の「暗闘」の舞台裏、生損保の内実に迫った渾身のドキュメント。

成熟の喪失
庵野秀明と〝父〟の崩壊

佐々木　敦

ひとは何かを失わなければ成熟した大人になれないのか？　江藤淳が戦後日本の自画像として設定した「成熟」と「喪失」の問題系について、庵野秀明の映像作品を読み解きながら、「成熟」による父性の獲得が普遍的な問いにないことを明らかにする、日本人の成熟観を刷新する批評的実践。

始皇帝の戦争と将軍たち
秦の中華統一を支えた近臣集団

鶴間和幸

秦が中華統一を成し遂げた理由は、始皇帝（嬴政）の人間力と、特異な登用方法にあった！　李信・王騎・桓齮など、漫画『キングダム』に登場する将軍も解説。「兵馬俑展」や映画「キングダム」の監修も務めた始皇帝研究の第一人者が、『史記』や近年出土の史料をもとに解説。

賃金とは何か
職務給の蹉跌と所属給の呪縛

濱口桂一郎

なぜ日本の賃金は上がらないのか――。日本の賃金制度の「決め方」「上げ方」「支え方」の仕組みを、歴史の変遷から丁寧に紐解いて分析し、徹底検証。近年の大きな政策課題となっている問題について、今後の議論のための基礎知識を詰め込んだ必携の書。

朝日新書

子どもの隠れた力を引き出す
最高の受験戦略
中学受験から医学部まで突破した科学的な脳育法

成田奈緒子

現代は子どもにお金と時間をかけすぎです！ 中学受験はラクに楽しく始めましょう。発達障害や引きこもりなどで筆者のもとに相談に来る子ども達の多くは、幼少期から習い事やハードな勉強をしていた。自分から「勉強したい」という気持ちが驚くほど高まる、脳を育てるシンプルな習慣。

日本人が知らない世界遺産

林 菜央

街並み、海岸、山岳鉄道……こんなものも世界遺産？／選ばれたために改築・改修ができなくなる／選挙事情に巻き込まれることも／ベトナムの洞窟で2日連続の野宿……世界遺産の奥深い世界と、日本人唯一の世界遺産条約専門官の波乱万丈な日々。遺産登録、本当にめでたい？

中高年リスキリング
これからも必要とされる働き方を手にいれる

後藤宗明

60歳以降も働き続けることが当たり前になる中、注目を集めるリスキリング。AIによる自動化、デジタル人材の不足、70歳までの継続雇用など、激変する労働市場にあって、長く働き続けるには何をどう変えていけばいいのか。実体験をふまえた対処法を解説する。

朝日新書

8がけ社会
消える労働者 朽ちるインフラ
朝日新聞取材班

2040年に1100万人の労働力が足りなくなる。迫り来る超人手不足の社会とどう向き合うか。取材班が現場を歩き実態に迫り打開策を探る「朝日新聞」大反響連載を書籍化。多和田葉子氏、小熊英二氏、安宅和人氏、増田寛也氏ほか識者インタビューも収録。

ロシアから見える世界
なぜプーチンを止められないのか
駒木明義

プーチン大統領の出現は世界の様相を一変させた。ウクライナ侵攻、子どもの拉致と洗脳、核攻撃による脅し……世界の常識を覆し、蛮行を働くロシアの背景には何があるのか。ロシア国民、ロシア社会はなぜそれを許しているのか。その驚きの内情を解き明かす。

電話恐怖症
大野萌子

「電話の着信音がなると動悸がする」「電話を人に聞かれるのが嫌」。近年、電話恐怖症が原因で心身症状が現れ、退職にまで追い込まれる若者が増えている。その背景には何があるのか。電話が嫌いでたまらない人へ、今日からできる対策法。大丈夫、きっと治せます。

裏金国家
日本を覆う「2015年体制」の呪縛
金子 勝

「裏金」がばらまかれ、言論を封殺し、縁故主義による仲間内資本主義（クローニーキャピタリズム）がはびこる日本社会。民主主義を破壊し、国際競争力を低下させ、経済の衰退を招いた「2015年体制」とは。負のらせん状階段を下り続ける、この国の悪弊を断つ。